SEM ESSA, ARANHA.

Noga Sklar

Sem essa, aranha.

1ª Edição
POD

Petrópolis

KBR

2012

Edição de texto **KBR**

Editoração **APED**

Capa **KBR**

Foto da capa **Alan Sklar**

ISBN: 978-85-8180-006-6

KBR Editora Digital Ltda.

www.kbrdigital.com.br

atendimento@kbrdigital.com.br

24 2222.3491

B869.8 — Crônica brasileira

 **Noga Sklar** é editora, escritora e cronista. Nasceu em Tibérias, Israel, em 1952. Graduou-se como arquiteta no Rio de Janeiro e desde 2004 dedica-se com exclusividade à literatura. Fundadora da KBR Editora Digital, vive atualmente com seu marido Alan Sklar nas montanhas de Petrópolis, RJ, Brasil, onde escreve seus livros e edita os títulos da KBR.

E-mail da autora: noga@kbrdigital.com.br

Barato total
Quando a gente tá contente
Tanto faz o quente, tanto faz o frio, tanto faz
Que eu me esqueça do meu compromisso
Com isso ou aquilo que aconteceu dez minutos atrás
Dez minutos atrás de uma ideia já dão
Pra uma teia de aranha crescer e prender
Sua vida na cadeia do pensamento
Que de um momento pro outro começa a doer

Quando a gente tá contente
Gente é gente (gato é gato!)
Barata pode ser um barato total
Tudo que você disser deve fazer bem
Nada que você comer deve fazer mal
Quando a gente tá contente
Nem pensar que está contente
Nem pensar que está contente a gente quer
Nem pensar a gente quer, a gente quer
A gente quer é viver!

Gilberto Gil

Agradeço a dedicação e a paciência dos meus editores no "Por Que a Gente é Assim", Leonardo Pimentel e Fernanda Marques

Para Alan, só pra variar.

À primeira vista, a ideia parecia maluca: questionar como funcionava a cabeça do brasileiro diante dos temas autoridade, consumo, educação, fé, preconceito e sexo. E fazer isso usando recursos que iam da modernidade da internet ao caráter um tanto ou quanto medieval do teatro de rua, passando por documentários e programas de TV. Pensando bem, uma segunda vista não melhorava em nada o ar de maluquice da empreitada. Mas, como loucura pouca é bobagem, a Matizar Filmes levou a ideia adiante e dali nasceu o projeto "Por Que A Gente É Assim?", do qual tive o prazer de ser editor de conteúdo digital.

Foi numa das primeiras reuniões de planejamento, quando discutíamos os possíveis colaboradores do site, que surgiu a ideia de convidar Noga Sklar. Escritora e blogueira com intensa vida digital, ela emprestaria ao projeto conteúdo e ressonância no universo online, mas acho que ninguém naquela reunião imaginava o quanto aquela sugestão foi acertada. Primeiro, pelo entusiasmo com que a própria Noga recebeu o convite e se jogou no "Por Que A Gente É Assim?"; segundo, pelo "tempero" que sua coluna semanal acrescentou ao site.

Noga é, em si, um cadinho de influências. Nascida em Israel, mas criada no Rio, soma à tradição milenar da cultura e do humor cáustico judaicos esse caráter de mistura que o Brasil empresta mesmo àqueles que não nasceram por aqui. Para completar, casou-se com um americano legítimo e se instalou com armas, bagagens e livros no meio do mato, na serra da (ainda) bucólica Petrópolis. Os textos que saem daí podem ser tudo, menos convencionais.

Do topo da serra, ela aponta uma antena para praticamente todos os lados do planeta, captando o que acontece de interessante, processando em sua cabeça e devolvendo para o mundo na forma de sua prosa, que já foi carinhosamente chamada de bipolar na internet. Injustiça.

Dois polos são pouco para alguém capaz de misturar o priapismo de Dominique Strauss-Kahn ao lirismo de Paul McCartney para falar sobre o sexo além da barreira dos 60, e ainda deixar claro que na casa dela não falta nada e que não passa os dias tricotando. Que os Deuses a ajudem e a mim não desamparem.

Isso, quando a natureza não resolve transformá-la em testemunha ocular dos fatos, como em fevereiro de 2011, quando uma forte tempestade arrasou a região serrana, varrendo do mapa o centro de Nova Friburgo (quase escrevi Noga Friburgo, só para ver a cara de espanto do corretor ortográfico) e causando estragos também em Petrópolis. Diante da tragédia e da preocupação de parentes que só telefonam quando..., nossa autora assume que seu principal pensamento foi "ufa, escapei desta vez": um bálsamo de salutar autopreservação nesse deserto de bommocismo politicamente correto.

Mas, para mim, essa relação literária semanal não se limitava a ler Noga; envolvia mergulhar em Noga — com todo o respeito, Alan. Uma das tarefas da edição era localizar imagens que pudessem ilustrar as crônicas, de preferência sob o sistema *creative commons*. Jamais era uma tarefa simples, até por conta da própria prosa. Se o texto de Noga não é óbvio, as imagens também não deviam ser.

Para cumprir a contento essa tarefa de ilustração, é preciso ir além do olhar do leitor convencional. É preciso ir além dos argumentos do artigo — com os quais, aliás, nem sempre eu concordava. O indispensável é compreender a própria fluidez do texto, seu ritmo, que acaba se refletindo na organização das ideias ali expostas. Uma vez estabelecida essa conexão, quase uma cumplicidade, o prazer da leitura se renova e a gente se descobre transformado em um dos polos da multipolaridade literária de Noga Sklar.

Isso é o que você, leitor, está prestes a descobrir. Segure-se; tem alguns solavancos que tornam a experiência ainda mais divertida.

Leonardo Pimentel
Jornalista

Sumário

O MANÍACO DO SITE

Se eu quiser a sua opinião, a darei a você.
Laurence J. Peter

Deus nos livre do absolutismo da opinião, isto é, já nos livramos, graças a Deus e à internet, certo? Hum. Nem tanto. Pesquisas comprovam que embora a multiplicidade online tenha aumentado, exponencialmente, com as nossas amplas conexões, todos tendem a frequentar os que têm a mesma ideologia para dar, por exemplo: quem é de direita só lê os sites de direita e por aí vai, numa tendência viciosamente autorrealimentadora, palavrão, hein? O que acarreta, é claro, um maniqueísmo lamentável, num radicalismo cada vez maior, inesperado para o crescimento democratizado do nível de informação digitável, ufa.

Ah. Vocês perceberam. No exemplo aí em cima escolhi mencionar a direita, melhor, a extrema-direita, e não foi uma escolha ao acaso, gente, não. É que a direita vem vitoriosamente defendendo o seu caso, o seu atraso, os seus valores de humano descaso. Aqui em casa, pelo menos. Imaginem. Meu marido Alan, americano autoexilado, ex-libertário, ex-poeta, ex-artista, ex-fundador do movimento *hippie* em São Francisco — é, quando o conheci há seis anos, através da internet, ele ainda era isso tudo; mas as coisas mudam, e, em tempos conectados, em velocidade nunca vista —, transformou-se em assecla fiel dos tomadores de chá, a pior escória tradicionalista nos Estados Unidos de hoje. Sofro.

Porque eu, vocês sabem, tenho ido na contramão do que é esperado para a minha idade. Não engordei, não me aposentei, não me tornei conservadora nem a favor da caretice estabelecida, coitadinha de mim, sempre iludida, como uma eterna adolescente perdida. Menos no que se refere à fé, claro. Esotérica convicta enquanto era criancinha — mentalmente infantil, digo —, quanto mais me aproximo da morte, ao contrário do que seria de me consolar, menos acredito que haja alguma coisa além da última fronteira, vai entender.

E mesmo com dois "Deus" logo de cara, no primeiro parágrafo desta crônica — por puro vício de linguagem, confesso —, creio cada vez menos que um deus exista. Não me contento com firulas espiritualistas, jamais comprovadas pelas pesquisas — historicamente, tudo bem, em busca de uma moral decente, na época incipiente, mas hoje em dia, francamente, só se for para puro controle de nossos instintos mais realistas —, a não ser em filmes campeões de bilheteria, claro. Quem conhece alguém que na realidade, não num mundo esotérico de faz-de-conta, tenha voltado pra nos apresentar a conta?

Marx já dizia, o velho e já quase esquecido querido Karl: religião é o ópio do povo, ah, quem liga. Apagaram do dicionário a ameaça comunista — breve piscadela da história, fracassada e corrupta tentativa de uma justiça humana mais convincente, ah, o homem, que caso perdido... — mas deixaram lá intocada toda a corja fundamentalista, pode?

Tem quem venha tentando, por exemplo, impor no mundo inteiro a islâmica Sharia reducionista, e o nosso Brasil de braços dados com essa gente, argh. Encontrei no YouTube no outro dia um vídeo excelente sobre a lei do dente por dente, um link declaradamente anti-islamita, taí, reconheço: puro preconceito de fé de minha desprezível parte.

Pois é. A verdade contundente é que de todos os lados, mesmo no que vai contra tudo aquilo em que a gente piamente confia, há sempre alguma coisa pra se aprender. Afinal de contas, só assim, através de ardente discussão, de uma ampla e variada informação, forma-se uma opinião válida, amadurecida e independente, informada, eu disse, não de um conformismo latente. Deu pra entender? E Alan, obviamente, tem me ensinado muito, ou não seria ele, entre unhadas e dentadas matrimoniais, o meu amor definitivo, não é mesmo?

Abaixo os maníacos do site, cruéis estupradores assassinos de tudo de bom que o futuro nos apresente. Reflitam aí sobre isso.

Sexo oral é o escambau

Como é que eu pude ter me esquecido que o sexo é essa coisa inacredita-velmente maravilhosa?
Eduardo Haak, "Bens móveis, bens imóveis"

"A publicitária Ana Lúcia Tavares, 35 anos, costuma ir duas a três vezes por mês ao sex shop para saber das novidades que poderá usar com o marido", escreve o *Globo*. Coitada da Ana Lúcia. Mal sabe onde mora o inimigo.

Pois é. E eu que pensei que com meu romance real *Hierosgamos*, publicado há coisa de uns três anos, já tinha escrito tudo que era possível escrever sobre sexo, mas não, gente. As coisas estão cada vez mais loucas, desnaturais, esquizofrênicas, digam aí, um tema proibido pela Igreja, pelo YouTube e pelo Ministério da Cultura. Francamente. Não fosse o sexo e a gente nem estaria aqui (enquanto isso, o Papa Bento, numa "fala revolucionária", acaba de liberar o uso da camisinha).

No outro dia, por exemplo, fui procurada por uma repórter que, muito mal-intencionada — brincadeirinha, Roberta —, pediu pra ser minha amiga no Facebook. Bem, amiga é mesmo pra essas coisas, vocês sabem, embora por mais que eu tenha falado sobre sexo a vida toda nada disso nunca me ajudou. A Jô, minha melhor amiga de antigamente, era das que adotavam aquele velho clichê mineiro comum na nossa geração, pós-derrubada do mito da virgindade: "dava mais que chuchu na serra."

Precisei encontrar um chuchu de verdade, nascendo do nada aqui na minha serra, pra entender o que o dito queria dizer. Mas a verdade é que "dar" não leva ao orgasmo mulher nenhuma, cá entre nós, o gozo feminino baseia-se em receber, é ou não é? Receber e relaxar, claro.

Agora. Não estou mais aqui para ensinar nada a ninguém, nem tenho mais tempo pra isso. Quem quiser aprender os segredos do orgasmo múltiplo pode seguir até o meu velho blog desativado, onde encontrará mais posts antigos sobre sexo explícito que bandido acuado no Rio. Oba.

Mas voltando à Roberta — que escreve praquela revista da Editora Abril, nem lembro mais qual —, a matéria foi publicada em papel no mês passado e eu nunca vi, não saiu online... Roberta queria que eu voltasse a um passado que não me condena, pelo contrário, tem me garantido alegria momentânea e sem muita frescura, presente e futura. Queria que eu contasse pra ela e suas ávidas leitoras insatisfeitas como atingi a marca impressionante de mil orgasmos em seis meses depois que encontrei o Alan na internet, isso é que tirar o atraso, não é mesmo? (*Who's counting*!, ele diria.)

Pois embora a princípio assim pareça, e de certa forma o tema picante seja bastante previsível — sabem como é, quem tem fama deita na cama... literalmente: no outro dia, imaginem, o Google me mandou um email ameaçando tirar os anúncios do meu blog (que, cá entre nós, nunca me deram dinheiro algum) por causa de um post publicado, anos atrás, com o nome "Sexo Oral", mas gente, francamente, eu falava de prosa poética erótica, não de boquete ou coisa que o valha, vamos combinar: eu mesma tirei o anúncio do ar, ou vocês pensaram que eu ia apagar meu texto por conta de uns míseros trocados? ufa, fim do travessão —, esta crônica não é sobre tudo o que você queria saber sobre sexo, mas sobre tudo que você não quer saber sobre autoajuda, esse câncer das letras que corrói a literatura, o tempo, a xoxota, tudo.

Vou confessar pra vocês que apesar de eu ter sido esotérica radical por grande parte da minha triste vidinha carente, nenhuma das loucuras que fiz por falta de amor me ajudou em nada, nadinha. Seguem algumas:

— ter participado sem parceiro de um workshop de sexo onde o terapeuta nos recomendou, a quatro mulheres dormindo no mesmo quarto, que nos masturbássemos juntas antes de dormir, por puro "exercício", não me entendam mal, masturbar-se é ótimo, mas... a quatro? (em tempo, uma delas era a Jô, que virou Deva Amrita, vocês sabem, esotérico de verdade tem que mudar de nome, coisa que os convertidos chamam "nascer de novo"; nunca cheguei tão longe, embora muitos acreditem que meu nome tenha sido inventado pelo espírito do Osho);

— ter me dedicado por mais de um ano, como tradutora, intérprete e seguidora, a um "xamã urbano" gay americano pelo qual me apaixonei; com o tempo e a prática, descobri que ele mentia e nem sentia, além de ter confessado em público, quer dizer, num círculo ritual "indígena", que tinha medo de mim, ou da minha vagina devoradora, não sei bem;

— ter desenvolvido um "método infalível" para perder peso, inibição e solidão baseado nas Fases da Lua, criado um grupo de mulheres para exercitá-lo em sessão grupal e, pior, escrito um livro sobre isso;

— ter sido abraçada e apalpada em rodinhas esotéricas por gente abusiva que eu detestava, e que me dava arrepios de nojo, ui!

E por ora chega. Vou poupá-los dos anos de academia, das pernas musculosas mais grossas que a cintura, da fome constante, dos litros de água consumidos muito além de qualquer limite, do vegetarianismo radical, da eterna busca da verdade, quando do que eu precisava de verdade era caçar serviço. Pois agora que tenho serviço de sobra, e um marido na cama prestando um bom serviço amoroso (e que, tudo bem, vive nervoso, grita comigo e de vez em quando me bate), afirmo a vocês, de coração, que pra ser feliz nesta vida só há uma solução: trabalho, sucesso e dinheiro — ops, já foram três, às quais se deveria, é claro, somar a saúde e o amor de praxe.

Mas uma coisa é certa, e essa é uma só mesmo: ninguém neste mundo tem a receita certa de felicidade, muito menos os mentirosos profissionais de plantão, e, me acreditem, conheci intimamente essa gente. Portanto, não faça o que eu digo. Faça o que eu faço: não escuto ninguém e vivo a minha vida do jeito que dá, um dia depois do outro pra ver no que vai dar.

Agora, se vocês insistem, se querem mesmo que alguém lhes diga o que fazer para ser feliz, vai uma dica certeira: dediquem algum lazer à literatura, à boa literatura, digo, não às porcarias mais vendidas anunciadas por aí a torto e a direito. Boa semana procês.

O OLHO QUE TUDO LÊ

Consumidor paga para ser enganado.
Carlos H. Peixoto, *em A volta da mulher barbuda*

Acreditem. No outro dia, enrolada com a transcrição para a web de algumas expressões em grego, enviei um email para o meu departamento de arte com o código em HTML, mas com alguns caracteres faltando. Não deu outra. No dia seguinte, lá estava na minha caixa de mensagens um email publicitário... escrito em grego! Bingo! Pesquei as letras que faltavam e resolvi o meu problema, até parece aquele velho ditado, "entrega ao Universo que ele se encarrega de tudo", lembram? Pois é. Basta hoje em dia entregar à internet.

Mas nem sempre o spam por email é tão útil, claro. Bastou-me enviar um pedido de reserva a um hotel em Copacabana pra receber dezenas de ofertas... de reserva em hotel em Copacabana, é isso mesmo, exato até o último detalhe. Isso, pra não contar as dezenas de drogas para aumentar seu pênis, sua libido, sua conta bancária, aumentar, aumentar... e olhem que nem pênis eu tenho (mas bem que gostaria de ter, dizem os malvados e linguarudos).

Pois é. Cuidado com qualquer coisa que você escreve, posta ou divulga na rede, seus emails privados inclusive. O Wikileaks está aí mesmo para provar isso, com domínio censurado e tudo. Se cuidem, meus amigos.

Lula, é claro, de futura saudosa memória, nem precisa de hackers na internet para ser indiscreto: faz isso todo dia e o dia todo, e pior, como estratégia de marketing governamental, eficientíssima, aliás. Com suas explícitas afirmações incorretas, é globalmente considerado o líder mais carismático da atualidade. Lula merece. Entende tudo de marketing político, vai daí uma sugestão, de coração, para o futuro profissional do ex-presidente: como comprova Oscar Niemeyer, que, do alto de seus 103 anos dedicados à extinta prancheta agora decidiu se lançar como músico, nunca é tarde pra revelar novos talentos, vai fundo, Presidente!

Isso, pra nem mencionar Chico Buarque, que de maior e mais inspirado compositor popular do Brasil virou, controvérsias literárias à parte, o melhor e mais popular escritor do Brasil, não necessariamente nesta ordem, né? Devolve o Jabuti, Chico! Ah. Melhor deixar pra lá. Não li o romance, portanto, quem sou eu para criticar?

Já a turminha gulosa do PT, vamos combinar, tem certa tendência a atirar no próprio pé. No outro dia fiquei sabendo, imaginem, de um inédito furo de reportagem (redundância: se não fosse inédito não seria furo, perdão aí, querido editor), ainda que um bocado atrasado: vocês sabiam que o escândalo do mensalão, capitaneado por Marcos Valério, embora não tenha tido força suficiente para destruir o inabalável Partido do Governo, acabou destruindo por tabela o mercado publicitário de Belo Horizonte? Pois é. Conto o milagre, mas nem que me matem conto a fonte.

Não sobrou pra ninguém, e o mineiro perdeu o trem: foram todas as contas de mão-beijada pras agências de São Paulo, de tão apressadas nem deu pra tentar negociá-las, francamente. Fernando Sabino deve ter se remexido na tumba, coitado, ops, será que naquela época ele já tinha morrido? Google nele, ufa, escapei dessa. Mas não vou escapar, certamente, de uns emails futuros tentando me empurrar os mais-vendidos de Sabino, e nem precisa. Li quase todos, o Fernando é meu Grande Mestre Cronista, mineiro como eu, como Marcos Valério (ui!)... e como Carlos H. Peixoto, colunista exclusivo do Vale do Aço e autor da epígrafe aí de cima. Recomendo. A famosa e gostosa crônica carioca, aliás, todo mundo sabe, sempre foi coisa de mineiro. E tenho dito.

Voltando ao mercado publicitário, coitado, o mais combalido dos últimos tempos: Carlos Peixoto nos conta em seu livro como o setor foi misericordiosamente à lona com a proibição dos anúncios de cerveja, "(...) daí, até o veto da propaganda de cerveja na TV, foi como um pequeno trago para um alcoólatra". Como não tenho tido tempo pra assistir televisão, fiquei na dúvida se era fato ou ficção, mas, tudo bem. Afinal de contas, não tem sido este o nosso estilo de vida atualmente? Confundindo cada vez mais o fato com a ficção que o gerou? Ou seria o contrário... um engodo que desce redondo, e a gente ainda pede pra pagar por ele?

Pois não bastassem os banners, links e conteúdos pagos nos atacando por todos os lados, conspurcando os nossos caprichados vídeos caseiros postados de graça no excelente YouTube — pois é, me engana que eu gosto, de graça, como vocês sabem, até criar o hábito arraigado, pra depois cobrar os tubos por anúncios indesejados, consumidor paga pra ser... etc., etc. —, a gente agora faz fila em corredor de shopping pra assinar contrato vitalício de consumo, é isso aí. O incensado iPad, por exemplo, é exatamente isso: o jeito mais eficaz inventado até hoje pra obrigar consumidor a pagar por conteúdo baixado, quem teria imaginado, hein? Paga-se por tudo: pelos apps, pelos minutos conectados, pelos anúncios veiculados, e até pelos livros gratuitos ou pirateados, não é maravilhoso isso?

Tudo, claro, depois de ter comprado bem caro seu sonho de consumo mais acalentado: uma telinha modernizada, interativa e desplugada que vai com você aonde você for, *cool*, mas não se incomode comigo. Ainda vou ter o meu se Deus quiser, é pura inveja de frustrado consumismo. Aproveite o seu pra ler alguns bons livros, tá?

E uma boa semana procês, como diria qualquer bom mineiro conectado, uai.

Meu credo é dinheiro na conta

Não podeis servir a Deus e ao dinheiro.
Mt 6.24

Vou confessar a vocês que acabo de trocar, na última hora, a epígrafe desta crônica, que era pra ser originalmente um verso do Baú do Raul (...do que ter opinião formada sobre tudo etc.). Pois é. Mudei, sim.

O problema foi que me deparei com um material melhor — sabem como é, o eterno dilema do editor —, num momento vital de extrema divisão profissional: num canto da tela, um texto altamente espiritual sobre os delitos da igreja católica, daí, Mateus; no outro, a tradução para o inglês do "Rap do Vagabundo", parte do excelente livro de contos de Erwin Maack, *Dança Ritual Urbana,* vagabundo é a...

Antigamente valia o escrito, mas agora, não mais: edita-se tudo nesta vida bendita, até livro já publicado, que dirá velhos credos arraigados. Relativizou-se o sagrado, que, cá entre nós, foi sempre um modelo de vida meio limitado — engraçado é que há poucos anos eu diria exatamente o contrário: não dava pra viver contando somente com o aqui e agora, tinha que haver algo mais, transcendente, mágico, imanente.

Quem diria que ficando mais velha eu me tornaria completa e radicalmente materialista... Quando eu buscava um sentido maior e vivia em cultos — do judaico ao xamânico, passando pelo umbandista, verdade, até galinha eu matei na encruzilhada —, mas nunca por dinheiro, juro: só pedia um amor de verdade, vai, Senhor, o que te custa? Me arranjava, de um jeito ou de outro, com herança recebida, ajuda de mãe, apartamento alugado e a firme convicção de que o artista precisa ser pobre e incompreendido, sendo a carência, física e emocional, crucial para a criação genial. Tudo o que eu queria era não ser feliz... eu, hein...

Custei a amadurecer. O que só ocorreu quando me vi sozinha — quero dizer, casada, e com marido aposentado em casa —, mamãe doente e dependente de mim e o dinheiro chegando ao fim, ninguém mais a quem recorrer ou que se dispusesse a me socorrer. Enfim, tive que me virar. Cresci: só dependo de mim para viver! Meu deus! Como é caro envelhecer!

E eu tinha aquele velho sonho, vocês sabem, de viver de escrever. Tive outros, mas nenhum que me permitisse aquele sustento básico: dinheiro pra comer, pagar as contas e todos aqueles periféricos indispensáveis — computador novo de 4 GB, TV HD a cabo, internet 3G, smartphone, tablet, leitor digital —, sabem como é.

Comecei mudando pro mato, reduzindo as despesas e evitando o perigo urbano diário, perigo de consumo, é claro: cinema, teatro, shopping, essas coisas. Daí, uma coisa foi levando à outra, conhecem aquela historinha do sujeito que vivia isolado e se tornou um grande sucesso, uma inspiração, com milhares de seguidores registrados?

Foi assim: quis viver como um monge, um eremita, buscando a verdade do Senhor. Pra começar, largou tudo e subiu a montanha. Lá, sem ter onde morar e morrendo de frio, construiu uma casinha. Sem ter o que beber, cavou um poço e encontrou uma aguinha cristalina. Não tinha o que comer. Comprou uma cabrinha. Pra alimentar a cabrinha plantou uma verdurinhas e por aí vai. Com o leite, sem nada melhor pra fazer, fez uns queijinhos. Acabou milionário, vendendo receita de vida, mais ou menos isso, ou será que em vez de cabreiro acabou no pastoreio humano? Ah, que diferença faz? Deus o abençoou com sabedoria, mas Deus me livre de muito dinheiro!

Moral da história: a necessidade, não a espiritualidade, é que é a mãe da criatividade.

E devo confessar: resta ainda em mim uma tênue, diariamente combatida tendência a acreditar em destino, afinal de contas, tudo acabou dando tão certo, não é mesmo? Virei editora, com meu português diariamente exercitado a serviço do bom texto alheio, e, de quebra, uma chance constante de provar minha indiscutível superioridade, a literária, pelo menos (brincadeirinha, viu, gente... pura ironia, nunca é demais explicar: não estou aqui pra perder por arrogância o que tanto me custou conquistar, não é?).

Cá entre nós, o destino é a gente que faz, e só percebe isso quando olha pra trás: nada mais é do que o hábito que os neurônios mantêm de se ajeitar em padrões coerentes para a mente racional, se é que vocês me entendem. Toda vida depois de vivida vira história bem resolvida, é isso aí.

Agora, quanto ao mito de uma alma tranquila sem nenhum dinheiro no bolso... é conversa fiada, acreditem, balela, engodo de igreja. Não comprem essa. Como eu diria (se ainda estivesse) em Minas: crendeuspago!

E uma boa semana procês.

A justiça é cega e muda

Esta tolerância, contudo, pode deslizar para certa "perversão" em face
das diversas "máscaras" que se pode manipular.
Alexandre Morais da Rosa, juiz, em Jurisdição do Real x Controle Penal

Vamos combinar. Embora pareça burrice, ou, no mínimo, um suicídio político, admiro a ingenuidade do Governador Cabral nessa questão do aborto, porque, de um jeito ou de outro, ele fala a verdade: somos todos mentirosos, ou, como ele mesmo diz, no mínimo uns hipócritas horrorosos. Daí o risco espantoso da verdade na política. Desistam.

Tá certo que a mentira é conveniente. Dia desses, vi um filme engraçado no pay-per-view chamado "A invenção da mentira", que mostra aos iludidos de plantão — como eu, que em meus áureos tempos de esotérica fiz um pacto com a "deusa" (comigo mesma, é claro) de falar a verdade, somente a verdade e nada mais que a verdade, custasse a quem custasse — o valor inafiançável... da mentira. Só mentindo é que a gente consegue atingir a expectativa alheia de fato, sabem como é: a expectativa, a confiança e o coração do outro para sempre domado, vocês me entendem.

No outro dia, por exemplo, dois de meus clientes se encontraram fisicamente em São Paulo e conversaram sem mim, e sobre mim: embora fossem meus íntimos amigos, falassem comigo várias vezes por dia, nunca tinham me visto ao vivo mais gorda ou mais magra. Ele disse a ela que eu era "como cabelo de freira", todo mundo sabe que eu existo, mas ninguém nunca me viu realmente. Melhor assim. Se eu saísse por aí apregoando que sou feinha, baixinha e gordinha, com meus dentes humanamente amarelados pela idade, será que alguém publicaria comigo seus livros tão acalentados? Duvido.

Mas quando o assunto é justiça, vocês diriam, as coisas são diferentes. A justiça, afinal, para ser justa como o próprio nome indica, tem que ser cega, não deixar-se levar pelo aparente, e, como acreditam os incautos como eu — que gastam seus raros momentos de folga com seriados importados do gênero *"Law & Order"* —, baseada numa troca juramentada de verdades, não é mesmo? Réu e vítima justamente confrontados, sob o olho treinado daqueles que enxergam fundo sob o pouco que se pode ver.

Qual nada. Quando a gente precisa da danada, fica sabendo que, como informa a nossa mandatária obrigatória — que não é pública e é muito bem paga —, "na justiça civil brasileira não existe o depoimento oral", vale apenas o escrito, quer dizer: a gente por lei tem que comparecer ali, na hora aprazada, frente à sagrada deusa vendada e cara a cara com o nosso inimigo, mas não pode e não deve dizer nada. A sentença baseia-se apenas nos fortes argumentos, habilmente montados e entregues por escrito, de cada advogado envolvido. Será que a nova emenda aprovada no Senado pretende mudar isso?

Alan teve há dois anos um pequeno acidente de carro. Pego sozinho na estrada, coitado, sem falar uma palavra de português e tendo cometido uma óbvia contramão na clássica saída do posto Brazão, obedecendo a um "vai por ali que ninguém liga" limitado a uns poucos gestos do frentista, foi logo adiantando ao outro envolvido no "sinistro" o telefone da Companhia de Seguros: aqui eu fiz e aqui eu pago como qualquer americano sério que se preze, nem discussão houve.

Mas até pra acidente de carro é preciso sorte nesta vida, e essa sorte o Alan não teve. Foi atingido pelo carro que não viu, e dentro dele um motorista esperto que a gente veria no futuro muito mais do que desejaria. O sujeito teve o carro consertado, como e quando bem quis e na oficina que escolheu, mas, tarde demais, descobrimos: nos armava uma arapuca na encolha. Nunca estava satisfeito com os reparos em seu velho veículo mal conservado, e reclama daqui, reclama dali, foram quatro meses até que o conserto fosse "completado". Dois anos depois do atentado, resultado, lá vem ele no juizado, alegando "danos morais" e o escambau: enquanto ele, remediado, um pobre vendedor abusado, sofria e era maltratado — isto é, deixo bem claro: vítima de abuso (mal) comprovado —, privado por meses à própria revelia de sua ferramenta de trabalho, "o americano abonado, indiferente ao sofrimento do brasileiro acidentado, gastava livremente na América seus dólares milionários", juro, gente, foi o que escreveu o advogado.

Pobre Alan, um velho senhor aposentado. Francamente.

Chegou o dia da audiência, e lá estávamos todos: o oportunista desocupado (com a unha do mindinho crescida e bem aparada, camiseta estampada e jeans desbotado, cara de cachorro acuado, vocês sacam o tipo) e seu suado advogado, mais as sete pessoas mobilizadas por um leve movimento de seu acusatório indicador: Alan, eu, nossa advogada, dois advogados da seguradora e mais dois da oficina autorizada. Faltaram cadeiras para todos os convocados.

Não houve acordo. Não houve depoimento. Tudo se passou num silêncio incomodado: eu, pelo menos, confesso que me incomodei um bocado. E o Alan, coitado, muito nervoso, já contemplando a prisão ou (rezando pela) possível extradição, nem sequer entendeu o que se passava.

A jovem juíza, em seu terninho preto impecável e lisos cabelos louros bem aparados, mal proferiu em voz baixa três ou quatro palavras inaudíveis. O advogado da outra parte repetiu sua ladainha que nos culpava, deixando de fora a xenofobia anteriormente registrada — que ali, cara a cara, não seria possível sustentar em frente ao Alan. Nossa advogada nada disse. E nada nos foi perguntado. A audiência foi encerrada. Em 30 ou 40 dias, será publicado o justo veredito, sem que a gente possa dizer nada. E pela nova lei brasileira, nem sequer recorrer da sentença dada.

Depois eu conto o fim desta saga. Mas acredito que, como só a mentira conta — e nem precisa ser confrontada ao vivo —, seremos verdadeiramente condenados. Aqui se arrisca. Aqui quem perde paga, basta uma história bem contada. E uma boa semana procês.

RE-SOLUÇÕES DE ANO NOVO

How can you mend this broken man? How can a loser ever win?
Bee Gees

A pesar de não falar nem entender uma palavra de português, Alan se confessa fascinado com a multiplicidade de respostas que consegue dos brasileiros ao desejar "Feliz Natal".

"Mas, *darling*", respondo, "foram os americanos que inventaram o Natal..." Ele discorda. Diz que é uma antiga festa pagã, com origens celtas, e blablablá, mas vocês entendem o que estou dizendo, não? Basta sair na rua, entrar na internet, ligar a tevê. A cada ano fica mais difícil manter-se ao largo da onda consumista — ah, vá lá, tudo bem, amorosa e familiar — que toma conta do mundo inteiro, até da China, que nem ano novo em dezembro tem. É como uma onda emocional varrendo o planeta e da qual muito pouca gente escapa, mas não era sobre nada disso que eu queria escrever. Afinal de contas, o Natal já passou, ficou pra trás, e a fila anda, não é mesmo? É hora das resoluções de ano novo, aquelas, que a gente estabelece num rasgo de esperança, mas que muito pouca gente consegue cumprir, sabem como é.

Pois este ano, pasmem, trabalhei tanto, fiz tanta coisa que na verdade deu tão certo, que se no ano que vem eu conseguir prosseguir desse mesmo jeito vai ser muito bom. Tudo que eu quero é que fique tudo como está, já viram alguém desejar isso? Quero comer as mesmas coisas, dar as mesmas caminhadas — que à medida que fico mais ocupada vão se tornando cada vez mais raras, o que me deixa cada vez mais culpada, ah, tudo bem, vamos dizer que no ano que vem direi adeus à culpa de vez. Afinal de contas, por mais que eu coma e não me exercite tenho me mantido razoavelmente saudável e magra, ao contrário do que sempre acreditei que aconteceria. Deve ser por falta de tempo pra pensar no assunto, até me esqueço de ter fome, escrevam aí.

As poucas coisas que eu mudaria, ou poderia ser forçada a mudar, acabaram sendo resolvidas antes de o ano terminar: trocar o cérebro da minha editora, por exemplo. Embora seja uma maravilha da tecnologia esse negócio de tocar um negócio de qualquer lugar, levando o escritório aonde eu precisar, basta um probleminha para tudo desmoronar, e meu notebook não foi exceção. Trabalhou tanto, coitado, que quebrou o HD, deu pra imaginar? Dois dias das minhas reduzidas e preciosas férias foram consumidos em recuperar arquivos, reinstalar softwares, etc. Pois é. Passou. Melhor deixar pra lá. Já pensaram se fosse possível reciclar nossa própria mente com essa facilidade toda?

E, por fim, uma coisa que eu realmente gostei de ter mudado, embora não tenha mexido um dedinho pra isso acontecer, destino, sei lá: há uns cinco anos, Alan me deu de presente de aniversário um enorme, sofisticado e pesado vaso de cristal, segundo ele "o símbolo do nosso amor" — bem, com uma responsabilidade dessas, tive que fingir que gostei, sorri e aceitei, mas cá entre nós, sempre o detestei. Depois que nos mudamos para a Serra, foram todos esses anos de arranjos de flores, um a cada fim de semana e grande parte deles, por insistência do Alan, documentados em fotos que talvez algum dia pudessem virar outra coisa, um livro, um filme, cada um deles um tremendo desafio estético por conta da boca largona e sem jeito do recipiente.

Pois não é que o próprio Alan esta semana, num último esforço pra limpar o amarelado impregnado deixado pelas folhas, acabou rachando o próprio? Ah, pena, lá se foi o nosso amor de cristal, que uma vez quebrado... sabem como é. Acabou na estante da Ivete, minha "secretária" e herdeira, mas, que nada. Saímos, compramos outro, este realmente bem do meu gosto, e voltamos pra casa felizes da vida: nada, nem coração partido, resiste à chance de umas comprinhas no shopping mais próximo.

E pra não perder o costume, ao primeiro arranjo do vaso novo, brigamos de novo. Alan reclamou do ramo de pinheiro, disse que era feio, que não suportava o cheiro. "Faz outro". "Não faço". Pois mal eu virei as costas ele tirou tudo da água e jogou fora, "em, deixa eu ver, dois anos e meio multiplicados por 52 semanas, dá aí por volta de uns 150 arranjos de flores e eu nunca reclamei de nenhum!", francamente. Tive que rir das tentativas dele de recolocar as flores numa harmonia básica, é, quando a gente vê pronto parece tão fácil, né?

Tudo bem. Cedi. O resultado, taí: um amor renovado e com muitas lágrimas derramadas para se manter, tem coisa mais importante pra se desejar ter? Pois é. Desejo isso a vocês. Ufa. Saiu crônica: por essa, nem eu esperava, que dirá meu editor em recesso de fim de ano, não é mesmo?

E na verdade, imagino, pouca gente vai ter tempo de ler, a não ser quem, como eu, não larga o Facebook por nada... ou ganhou de presente neste Natal um desses minis levinhos e pequenininhos — iPad de pobre, sabem como é —, como o meu novo mini HP, *very cool,* onde estou escrevendo e navegando nesta última semana, como se estivesse viajando pelo mundo.

E agora chega. A gente se vê no ano que vem, tá? Bom fim de ano procês.

***

Post- scriptum da edição final, em 2012, sábado de carnaval: como sempre acontece em tecnologia, o mini da HP, que foi suplantado pelo Galaxy Tab do qual também ando louca pra me livrar, acabou como o vaso rachado: na sala da Ivete.

CABEÇA NAS NUVENS
(REENROLANDO O CÉREBRO: COISA PRA QUEM TEM MUITO PEITO)

para Cássio Brandão

"Seja aprendendo uma nova língua, viajando para um novo lugar, desenvolvendo uma paixão por criação de abelhas ou, simplesmente, pensando num velho problema de uma maneira nova, todos podemos estimular o crescimento de nossos cérebros. Como a atividade física é essencial para manter o corpo saudável, desafiar a mente, mantê-la ativa, engajada, flexível e contente, não é apenas divertido. É essencial para a boa forma cognitiva", escreve Oliver Sacks no NY Times, em artigo imperdível. E nem precisa malhar o crânio para isso, ainda bem: basta abrir bastante a mente.

Pois se tem uma coisa da qual fiz questão neste fim de ano foi entrar no ano novo sem uma pendência tecnológica sequer. Me explico: em 2010 trilhei um longo caminho, que, olhando para trás — olha aí outro bom truque da mente —, mal parece ter levado um segundo. Até ri no outro dia, imaginem, do primarismo dos meus primeiros livros digitais, que tantas lágrimas me custaram enquanto eu criava um método próprio e muito pessoal para a conversão de ebooks, um desafio infindável para enfrentar a carência global de softwares.

E mais ainda no Brasil, já que faltam ferramentas que entendam direito o nosso português. Na Índia, por exemplo, líder em prestação de serviços dessa categoria, "internacional" vira misteriosamente "intemacional" e "órgão" se transforma em "órção", embora o programa preferencialmente despreze toda cedilha que se preze, pra nem mencionar o til e o circunflexo, taí: um *tilt* pátrio completo. E o soletrar correto, acreditem, é apenas um décimo dos nós a desatar: são itálicos que evaporam sem se desculpar, título e texto que trocam de lugar, parágrafos que se misturam sem pensar e a praga mais recente com que tenho tido que lidar, o hífen gago, vocês sabem — quer dizer, talvez saibam, porque eu, sinceramente, até a semana passada tampouco sabia —, aquela determinação de algum ortógrafo bêbado de que a separação de sílabas deve ser indiciada, ops, indicada — segundo a nova ortografia — no fim de uma linha e no começo da seguinte. Como em ebooks o conteúdo é fluente, sendo remanejado a cada virada de página, o conceito de linha inexiste, transformando a hifenização dobrada (naquele velho impresso original) no que realmente é: um exagero em termos de acordo linguístico, francamente. Até parece piada de português.

Isso, só pra provar rapidamente que o ebook é um grande avanço no mercado livreiro, embora um bocado de gente ainda faça questão de manter uma inútil nostalgia do velho objeto-livro, coisa de museu da modernidade, sabem como é: um gadget aposentado a cada cinco minutos... mas não era de linguagem que eu estava falando?

Então. Na última semana do velho ano, que a cada segundo que passa vai ficando mais velho e ainda mais ultrapassado, tive que lidar com uma questão cabeluda: por mágicas artes do xptohtml, todos os espaços entre parágrafos no texto em que eu trabalhava foram eliminados sumariamente a partir de certo ponto, mas, gente, onde estaria o diabo da raiz do problema? Altera daqui, altera dali, substitui um comando ou outro, e nada de descobrir. Fiquei 3 dias ali, meio às cegas, em cima da mesmíssima coisa, pacientemente, pra perceber depois de ralar um bom tempo que havia deixado de fechar um mísero comandinho aberto numa tabela, pois é: pra quem não sabe muito bem o que está fazendo, meio que navegando inconsciente nas brumas incertas do código-fonte, linguagem de livro virtual é mais sensível que calo de mulher traída, podem acreditar, e ainda por cima limitada e burra (a mulher e a linguagem). Tudo que abre tem que fechar — seja parágrafo, itálico, sublinhado, linha ou coluna de tabela ou texto recuado — como, aliás, tudo o mais nesta nossa vidinha (im)previsível. Aqui se faz. Aqui se conserta o que tem defeito, mesmo pagando barato à beça pelo serviço malfeito: um negócio da China, isto é, da Índia. Nem Buda explica.

E se você aí não entendeu nadinha do que eu disse até agora, tudo bem. Não esquenta. Basta reenrolar seu cérebro todo dia que no final das contas tudo se desenrola a contento. Garanto. E tudo bem também que esse papo tecno-editorial seja chato pra caramba num primeiro fim de semana de ano nublado e chuvoso, quando tudo o que se quer de verdade é dormir o dia todo pra descansar o suficiente e começar a trabalhar novamente, mas o que importa não é a linguagem, e sim, a mensagem.

E a minha é essa: pra manter seu cérebro jovem e atuante, basta o constante exercício da mente, Sacks que o diga. Ler a mesma coisa num formato diferente, por exemplo; fazer palavras cruzadas sem usar a caneta ou escovar os dentes com o lado esquerdo do cérebro, se é que vocês me entendem.

E pra quem acha, como eu, que a gente já tem que lidar com desafios demais ultimamente — num mundo multitarefa e multifacetado, em nada igual ao que se tinha antigamente —, vem aí em 2011 mais uma revolução permanente, podem esperar: não só nossas cabeças andarão nas nuvens, já que a vida real anda cada vez mais entediante, mas também os softwares, os arquivos, as rotinas de trabalho e os escritórios das empresas. Já estou me preparando... ou, quem sabe, de tanto surfar, acabo de uma vez de surtar... Surtar eu surto, mas perder a memória... isso nunca mais: todos os dados do meu arquivo, os de trabalho, pelo menos, já estão sendo rotineiramente ascensionados para o Carbonite, os registros akáshicos[1] mais modernos que existem. Eu recomendo.

Um feliz 2011 pra todo mundo, trabalhando na nuvem, claro, vocês de lá e eu daqui. E pra manter o costume enquanto é tempo, e enquanto o bom e velho calendário ainda marca o tempo, uma boa semana procês.

---

1 Na Wikipédia: segundo o hinduísmo e diversas correntes místicas, um conjunto de conhecimentos armazenados misticamente no éter, que abrange tudo o que ocorre, ocorreu e ocorrerá no Universo.

A ARTE REGISTRA A VIDA

Nas mãos de um escritor talentoso, o universo está contido no pessoal.
Dani Shapiro, no *NY Times*

"É um romance bonitinho, meio de autoajuda", dizia, anexada ao manuscrito, a recomendação de uma amiga — ops, peraí: no corpo do email, agora sim, o texto é que vinha anexado como arquivo, desculpem, puro vício de linguagem. Ou coisas da idade, da modernidade, não sei.

Fiquei a princípio interessada, tudo bem, mas por razões nada literárias. Afinal de contas, a autora era de Belo Horizonte — onde, como vocês sabem, cresci e fui condicionada, ufa, custei um bocado a me livrar dessa praga —, e seu nome, Ethel Kacowicz, me soava conhecido, embora eu não soubesse muito bem de onde. Não demorei a descobrir: a irmã da Ethel tinha sido casada com meu primo favorito. Bastou. Fechamos contrato, taí: embora a gente nem sempre conte, as coisas muitas vezes se passam assim, simplesmente. E nada, nada mesmo, me preparou para o choque de realidade contido naquele manuscrito, quer dizer, arquivo do word. Algumas semanas mais tarde, embarquei desavisada na edição do livro que veio a tomar forma, pontualmente, no cinquentenário da autora que através desse trabalho — *A Escritora* — se tornou minha íntima amiga.

Tudo deu certo no final, ou teria sido, como diz a Ethel, por "Deus tê-la contratado para divulgar a palavra Dele"? Duvido, mas, tudo bem também, eis aí outra boa descrição do nobre ofício de escritor. Enfim, livro pronto e alma lavada, fica sua autora preparada para a segunda metade da existência, mais madura, se espera, menos corrida. E com bem menos expectativas: quanto mais se vive, mais se vive, e menos se espera da vida, é isso e pronto. Feliz aniversário, Ethel.

Diz o velho ditado que para se realizar nesta vida é preciso "plantar uma árvore, fazer um filho e publicar um livro", lembram disso? Bem. Plantar uma árvore, vamos combinar, nem passa pela cabeça da maioria das pessoas, embora seja uma experiência imperdível vê-la crescer, eu que o diga. Fazer um filho, a gente bem que tenta, mas, cá entre nós, para algumas mulheres hoje em dia virou assim, digamos, uma coisa bastante difícil. Eu e Ethel, por exemplo, não fomos capazes disso; e embora o tivéssemos desejado bastante em algum momento — ela mais do que eu, como conta no livro —, terminamos conformadas com os filhos de nossos maridos. Agora, publicar um livro, ah, isso tem se tornado cada vez mais fácil — levando em conta a franca colaboração do mundo digital, é claro — com cada vez mais pessoas levando a sério esse tipo de compromisso, ou sonho, ou ideal. O problema é que nem todo mundo nasceu pra isso, não é mesmo?

E não é o único. Problema, digo. Embora um clássico conselho recomende só se escrever sobre aquilo que se conhece realmente bem, aqui no Brasil persiste certa dificuldade em se valorizar a vida real como pretexto de literatura, mas por que, gente? Bem, sou meio suspeita pra falar sobre isso: é o gênero de literatura que eu mesma pratico, a "ficção autobiográfica".

Enquanto em algumas rodinhas locais, cheias de preconceito, somente o relato ficcional é digno de respeito, no resto do mundo há uma onda, melhor, uma tsunami literária de legítimo realismo, algumas vezes, é verdade, corrompida pela tentação de tornar a própria vida bem mais interessante do que realmente é, faz parte, fazer o quê. A transparência das redes sociais que se encarregue de combater o vício.

Nem precisa. O que conta, na verdade, é menos o conto do que a forma como é contado, pelo menos pra mim literatura é isso: a arte da palavra em primeiro lugar. O assunto vem em seguida; segue uma confissão que como editora me deveria ser proibida, mas, francamente, curto como ninguém uma boa história real, desde que bem contada, claro, disso não posso abrir mão, e *A Escritora* se encaixa nesta categoria, podem conferir. Como leitora, não ligo muito pra ficção, principalmente quando esta apela para o chavão, o puramente comercial, o que, cá entre nós, tem sido mais normal do que se desejaria. Uma pena.

Resta a exigência de encontrar o filão, e mais, a curiosidade natural, a identificação pessoal — que passa bem longe da simples bisbilhotice, sabem como é —, marcando em cada história de vida o que mobilizaria de alguma forma a multidão. Em outro livro, por exemplo, o *Just Kids* de Patti Smith que estou lendo no meu Kindle, há o apelo inegável da época, os mágicos anos 1960 com seus *born-bummers* — ops, desculpem o trocadilho, e o anglicismo também, por conta de Alan, meu marido americano: os chamados *baby-boomers,* devido à explosão de natalidade no pós-guerra, viraram aqui *born-bummers,* em bom português "vagabundos natos" —, todos aqueles artistas incríveis que, com seu pioneirismo, verdadeiramente transformaram vidas, as nossas e as deles, antes dessa deplorável enxurrada de falsas celebridades que nos acomete atualmente.

Em última instância, no entanto, e para cada um de nós, cada vida intensamente vivida torna-se um tema de franco interesse humano. Por outro lado, não custa afirmar, a grande ficção também se baseia nisso — não numa "historia de sucesso", uma receita infalível de "como vencer na vida sem nenhum esforço", mas, fundamentalmente, o contrário disso: como fazer na vida algo que valha realmente a pena, como se entregar, com medo ou sem, como não se furtar ao desejo e ao impulso de ser, de não ceder, de seguir um caminho que só pertence a você. E que só se revela, na verdade, bem depois de trilhado, ou, quem sabe, de bem escrito e publicado.

Recomendo os dois livros. E uma boa semana procês, desta vez, meio a contragosto, mais mineira ainda. E pior: ex-hippie, ex-vagabunda e agora, como se não bastasse, escritora ainda por cima.

Solidária? Nem no câncer

Comédia = tragédia + tempo decorrido.
Mark Twain

Chovia. Chovia muito, tá certo, um muito normal para a região serrana na temporada de chuvas, trata-se de uma *"rain forest"* lá fora, afinal de contas, todo mundo e os livros de geografia sabem disso muito bem, quem mora aqui, principalmente. E continua chovendo muito neste momento.

Nem sequer faltava energia, o vazamento da sala tinha sido consertado na semana anterior, então, nem prestei atenção. Prossegui trabalhando. *Estamos com sorte*, pensei. No ano passado — nosso primeiro na casa no mato —, imaginem, por qualquer relampagozinho de nada eram no mínimo três dias no escuro, sem água por conta da bomba parada, a comida estragada na geladeira, o telefone da Ampla sempre ocupado e Alan reclamando ainda por cima: "Bem que eu te falei pra comprar um gerador!" Isso, pra não mencionar os incêndios no inverno e o corpo de bombeiros ocioso, ô lugarzinho perigoso, sô. No banco do carro o notebook apagado, sem contato com a internet, e eu isolada do mundo, desesperada, procurando uma tomada ligada: tinha prazo pra entregar, não podia falhar, nem que o mundo descesse e eu tivesse que parar.

Não parei. Segui editando a minha gorda pilha, normal, ocupada demais para entender, nem um tempinho pra ler o *Globo* (online, claro) eu consigo ter! Alienada, coitada, quem haveria de dizer!

Primeiro ligou meu irmão, que só me liga... ah, melhor deixar pra lá:
— Tudo bem aí?

Mas quando meu sobrinho ligou da França pelo skype, uma raridade afetiva mais preciosa ainda, resolvi averiguar o que havia de errado lá fora, e já era tarde: tarde demais pra ser contaminada pelo habitual sensacionalismo da imprensa, superbem recebido pela população em geral, sabem como é, sedenta de notícias intensas, uma chance imperdível pra cada um se tornar importante, solidário, um membro igualitário da sociedade oprimida, melhor ainda, um feliz sobrevivente.

Com o temporal desabando, seguiu-se a enxurrada, muito triste, e bem aqui do lado de casa! Morreu muita gente, houve muitos desabrigados, o povo desamparado, mas "aqui no Vale está tudo bem", digo. *Ufa. Escapei desta vez.*

Telefonei para Ivete, a faxineira, que deu um relato excitado e em primeiríssima mão, olhando a televisão, dos "corpos lá embaixo flutuando na rua, algumas crianças, o rio subiu num segundo, nunca vi nada igual! Mas aqui, graças a Deus, estamos bem, nossa casa fica no alto". *Ufa. Escapei desta vez.*

Telefonei para a irmã da enfermeira de mamãe, que não atendia ao celular. Ambas têm suas casas em Madame Machado, outro local seriamente afetado. "Aqui estamos bem. Nossa casa é na parte alta do bairro". *Ufa. Escapei desta vez.*

Comprei peixe no peixeiro da praça, nem arrisquei o hortomercado em Itaipava, onde vamos às sextas-feiras. Perguntei se o salmão estava fresco, todo mundo dizendo que do Rio não subia nada: "Que nada", ele disse. "Já fui duas vezes até lá, mas não estou vendendo nada, comprei camarão VG mas os restaurantes estão vazios, não sobe ninguém, todo mundo com medo de pegar estrada". Dá pra entender. *Ufa. Escapei desta vez, mas ele, nem tanto.*

Recebi telefonemas de gente com quem não falava há anos, um apoio carinhoso, solidário e surpreendente. E desnecessário, graças a deus, um deus que só existe pra nós, não pros vizinhos do lado, mas que raio de deus partidário seria esse? Ok, curti, gostei. Mas não deixei de pensar, nem de comentar com o Alan, rindo, sim, mas de puro nervoso: "Quem sabe querem conferir se finalmente se livraram de mim!"

É carma, eu sei. Já paguei minha parte: papai morreu de desastre quando eu tinha 20 anos, mamãe definha de Alzheimer há mais de 15 anos, fracassei, perdi tudo que tinha, chorei, mas, cá entre nós, tenho me saído bastante bem ultimamente. *Ufa. Não me estrepei mais uma vez.*

Continuei trabalhando num livro engraçadíssimo, imaginem, sobre os áureos e saudosos tempos da prática psicanalítica, quando a culpa judaico-cristã, de qualquer tamanho e tipo, era tratada no papo e no tapa, sabem como é. Não passava do mesmo jeito. Bons tempos. E já que coincidências não existem — embora tenham recentemente mudado de signo —, leio por magias do destino o seguinte trecho de *O Rabino e o Psicanalista*, de Rosane Chonchol, pioneira do besteirol, ih, até rimou, rir é ainda o melhor remédio, acreditem:

> As enchentes logo arrastaram os turistas, afogando a metade pelo caminho. Os que nadavam bem e os que tinham pés-de-pato conseguiram chegar à pensão onde ficariam hospedados. O abrigo tinha boias, a casa flutuava, era o mais novo hotel da cidade: um hotel antienchente.

Não resisto, publico a passagem no Facebook, meio perdida em meio aos pedidos de doação e ajuda. Fazer graça da dor é uma tradição antiga, relaxa a tensão, faz um bem danado à nossa profissão, Shakespeare que o diga, embora hoje em dia, claro, politicamente esquecida: ai de quem rir da casca de banana alheia, eu, hein? Doa-se em público aos que sofrem doídos, cada vez mais, contanto que não doa em mim, claro, no fundo da mente um único pensamento domina, vamos confessar: *Ufa. Escapei desta vez.*

— Se fosse nos Estados Unidos — Alan comenta pra me inspirar —, o povo processaria o governo por deixá-los construir e morar numa área de risco.

Eu ri, mas, vejam, deus não quis que eu prosseguisse rindo. Paguei pela língua ferina. Estava eu aqui muito bem, costurando pra vocês minha paródia descarada do drama vivido, quando toca novamente o telefone solidário: é minha prima, de primeiro grau, que nunca me liga, nem quando... Bem. Sabem como é. O caso é que eu já sabia fazia algum tempo que o netinho dessa minha prima enfrentava um tristíssimo caso precoce de leucemia, mas vinha fugindo do assunto. Minha cunhada, que só me liga mesmo quando... Bom. Minha cunhada já tinha me perguntado anteriormente se eu não poderia doar minha medula ao menino, já que temos o mesmo tipo sanguíneo, o tipo O+ — doador universal, que dá pra todo mundo e não recebe de ninguém —, tem coisa melhor para a culpa de alguém do que negar medula óssea a uma criança doente?

Pois eu neguei. Sou egoísta, sabem como é. Embora o mineiro, como dizia Otto Lara Resende, seja solidário no câncer, fujo dos amigos e parentes com câncer como o diabo (com medo) da cruz, esta é que é a verdade, coisa que ninguém diz e nem gosta de ouvir. As fraquezas da vida não levam ao sucesso na mídia, não é mesmo? Sou covarde. Sou sim. Em vez de me internar no hospital para o bem de todos e o orgulho da família, fui ao Google me certificar de que para doar a medula é preciso ir bem além da compatibilidade sanguínea, *ufa, desta vez escapei*.

Nem tive coragem de ligar para a minha prima, mas a justiça divina não falha: eis que ela me liga durante a enchente, como todo mundo, pra conferir se ainda estou viva, e engatamos no papo inevitável do netinho doente, internado no Einstein há meses, com apenas 15 meses de vida, tentando combater a leucemia com esperança e quimioterapia. Tinha finalmente recebido o transplante, coitadinho, e agora lutava contra a estatística de sobrevivência, fala sério, que tristeza, desta vez quase foi comigo... Não deu pra escapar. Ao final da conversa, nem tive o que dizer à minha prima, quem teria, dizer que "Deus nos dá, e que o mesmo Deus, de acordo com Sua Vontade, nos tira"? Peraí. Não aguento mais esse tipo de mentira.

Nem rezar me resta. A vida é um acaso infeliz, onde a alegria raramente acontece; aproveitem. Só nos resta o raro consolo da sobrevivência cotidiana, e olhem que é sorte pra poucos, fazer o quê.

Desculpem aí. Pra salvar um domingo deprimente como este, vamos combinar, só mesmo um terapeuta das antigas, ora, pílulas, tome aí a sua. Como a própria Rosane me disse esta manhã, entre extasiada e compungida, a respeito do inoportuno lançamento de seu livro, coisa que só Lacan explica: "O problema é a tragédia que está acontecendo... sobra pouco espaço para a comemoração". Pois é. Até pra fazer sucesso é preciso sorte nesta vida... Francamente.

E pra quem conseguir, depois de tudo que escrevi, ter um bom domingo, é o que desejo, de coração. Argh. Colunismo em tempo real só podia dar nisso: mesmo atrasando a crônica pra caramba, não houve prazo suficiente pra transformar a tragédia em comédia como eu pretendia, Mark Twain que me perdoe.

Ai que saudades do meu psicanalista.

Mente jovem em corpo nem tanto

Para mamãe.

"Pode ser que eu esteja ficando velha. Mas hoje me dei conta de que mais de 80% do conhecimento que uso hoje para a minha sobrevivência eu não tinha há um ano", escrevi no Facebook na véspera do meu aniversário, sob protestos imediatos do Léo Pimentel, entre outros: "Pelo contrário, querida. A capacidade de adquirir novos conhecimentos é um sinal inequívoco de juventude."

Pois é. Mas antes que me julguem por este lapso de vaidade, melhor esclarecer o que eu quis dizer com isso, isto é, o que me preocupa de verdade na iminência dos meus sessenta anos (ops, calma aí: ainda falta um). E que, me acreditem, nada tem a ver com cirurgias, injeções, dietas malucas ou malhação compulsiva em busca de um corpo ideal que não se atinge nunca, sabem como é, uma fonte de frustração como poucas que conheço. O que me preocupa de fato (ih! já escrevi isso hoje!) é a faca permanente do alzheimer apontada para a minha cabeça, coisa que a marcha comemorada do tempo não me deixa esquecer nunca: mamãe, que é vítima da doença há mais de 15 anos, faz aniversário no mesmo dia.

Tento não pensar muito nisso. Me refiro, é claro, não à triste situação de mamãe, uma mulher outrora brilhante que, apesar de sempre ter se exercitado, lido muito e viajado bastante — tudo bem, palavras cruzadas ela nunca fez, não que eu soubesse, pelo menos —, acabou desse jeito, mas à minha própria. Afinal de contas, como afirma a psicóloga clínica Vera Ferreira Kostolias — no mesmo PQAGEA em que vos escrevo —, "se nós pensarmos em todos os riscos, teremos uma existência miserável. Passado o susto, a pessoa faz um esforço enorme para retomar sua percepção (ilusória) de segurança."

Ah, tudo bem. Vocês perceberam. Estou meio sem assunto pra crônica, e a razão é bastante óbvia: foi tanta tragédia na minha vizinhança nestas últimas semanas que nem deu pra curtir direito o aniversário. Fora que este ano, não sei por que motivo, resolvi me deprimir em dobro pela doença de mamãe, que desde que me mudei para a região serrana meio que entrou no sistema "longe dos olhos longe do coração", espero que vocês me entendam. Eu precisava tocar a vida, sabem como é (ou não: só sabe mesmo quem já passou por isso).

E de tocar a vida bem que eu entendo: foram dois casamentos frustrados, mais um relacionamento enrolado que durou mais de dez anos; dois negócios fracassados; nenhum filho; sete livros publicados sem nenhum grande sucesso... e eu ali, ó, não desistindo nunca, só agora percebo por quê: era a falta da internet. Afinal de contas, encontrei meu marido na internet, publiquei todos os meus livros na internet, e quando a oportunidade apareceu, agarrei-a com todos os meus megabytes mentais: tornei-me editora de livros para serem vendidos e entregues... pela internet, no próprio leitor digital, de preferência. Ainda que pra isso eu tenha tido que me virar para adquirir, por minha própria conta e risco, todos aqueles conhecimentos a que me referi no parágrafo aí de cima, e tudo bem: a coisa mais importante do mundo é não só saber educar os filhos — como disse outro dia outro amigo de Facebook —, mas saber se autoeducar, um processo que, não se deixem enganar, dura enquanto a nossa vida durar.

É o único jeito de sobreviver, deixando de lado o imponderável, claro, ou nem daria pra levantar de manhã de tanto medo que a gente sente de morrer, embora raramente alguém confesse esse tipo de coisa — ainda mais em perfeitas condições temporárias de segurança e saúde, que a gente faz de tudo pra se convencer de que serão permanentes, ufa, como bem disse a Dra. Vera.

Bom, melhor esquecer mesmo, sem referências veladas, por favor. Vou deixar vocês aí com suas vidinhas tranquilas e volto a trabalhar para viver, já que, como afirma no *NY Times* outro psicanalista, Dr. Richard Friedman (caramba, esta crônica tá mais parecendo mais uma daquelas malsucedidas sessões de psicoterapia): "A felicidade é como a autoestima: é preciso trabalhar por elas."

E pra não terminar assim, tristinha, numa nota meio caidinha, compartilho com vocês o melhor presente de aniversário que recebi, em inglês, e, como não poderia deixar de ser... na internet, vejam que delícia, que vitória! Está no meu Facebook, pra quem quiser conferir: "*Happy birthday, mom, from Erik and I... I hope all is well down there below the Equator. I am sure it is... best wishes!*"

Bom domingo procês, filhinhos.

Não é fácil!

O nosso compromisso é com a liberdade do conhecimento.
Ana de Hollanda, Ministra da Cultura do Brasil.

"Aleluia!! Consegui fazer download do livro *Sacerdotisa*, não é tão fácil para Ipad (sic), mas eu tenho as dicas se alguém precisar", escreveu Priscila no outro dia, em nosso grupo de autores no Facebook. Pois é. Eu já vinha lidando com este problema faz algum tempo, esta é que é a verdade: a cada livro lançado pela KBR é aquela enxurrada de telefonemas pra saber "como é que funciona isso", ao ponto de a minha assessora de marketing ter pedido um vídeo urgente pra "educar" a galera, sabem como é. Sentei e fiz, e publiquei no YouTube: "Não é fácil... É sim!" Divirtam-se. Vamos combinar que no meu tempo não tinha essa moleza de vídeo educacional, educação viral, nada disso. Tinha que estudar, mesmo. E na minha idade, entendo muito bem esse tipo técnico de dificuldade.

E segue a longa lista, fundamentada na falta de saco generalizada para a pausada leitura das instruções de uso. Agorinha mesmo, imaginem, estava eu aqui lutando bravamente com as dezenas de botões da nova secretária eletrônica, tentando adivinhar para o que serviam sem paciência nenhuma para o manual anexo, alguém aí, vai por favor um videozinho amigo? Mamãe, coitada, em toda a sua longa vida de video-aficionada, jamais foi capaz de programar seu videocassete sozinha, videocassete? Programar? Mas o que vem a ser isso? Grava aí na memória da HDTV mesmo, uai, mas como é mesmo que se faz isso? (Olha aí o manual da Sky esquecido na gaveta, sô.) E de TV eu entendo, afinal de contas, uma das primeiras do Brasil, acreditem, foi trazida por meu avô quando viajou a Israel pra me conhecer, as duas recém-nascidas: a telinha e eu, portanto, somos ali, ó, praticamente colegas de lida. E gosto de pensar que hoje em dia continuamos ali, ó, juntas, renovadas no topo da tecnologia, 3D caseiro perde, perde a corrida, claro: ainda é um pouco cedo para o aparelho entrar na rotina de nossas vidas, mas muita gente já vai lá na frente, e pagando bem caro por isso.

Computador, então, nem me falem. Quando eu era comerciante nos anos 1980, lutando com controles de estoque, livros de entrada e saída, diários e mais não sei quantos registros manuais (manuais aqui, me entendam, querendo dizer "escritos a mão", mesmo) exigidos pelo fisco, apareceu a novidade, uma inacreditável maravilha. Fui logo declarando alergia: "Precisamos contratar um geniozinho para implantar isso, porque eu, juro, não chego nem perto". Nem preciso dizer que nunca encontrei o tal gênio na correta medida, e, eventualmente, eu mesma domei o leão da cibertecnologia. Ainda me lembro do meu desespero com o sumiço do meu primeiro arquivo, um projeto de manual de instruções pra nem me lembro o quê — criado no avançadíssimo "Carta Certa", um software gráfico supermoderno onde os objetos dispostos na tela, pasmem, tinham que ser alinhados à mão, quer dizer, no olho e no escorregão, mais ou menos na mesma linha que não existia, pois nem linhas-guias o programa tinha, sabem como é, que dirá um comando "*align*" como no Corel atualmente: eu não fazia a menor ideia de onde tinha salvo aquilo. Chorei. Me descabelei. E fiz tudo de novo, acreditem, tive que fazer. Não teve outro jeito.

Meu ex-marido Nelson, por exemplo, um sujeito à frente do seu tempo, já passava as noites em claro no nosso apartamento, envolvido nos games de seu moderníssimo "XT", seguido mais tarde por um "386", meu deus, mas o que é isso? Acabou em divórcio, quero dizer, desquite: divórcio naquela época tampouco existia, já que a igreja não permitia. Enquanto isso, eu, quem diria, depois de aprender na porrada a lidar com o meu primeiro editor de texto (é de software que estou falando, tá?), me tornei uma espécie de "vanguarda brasileira da tecnologia literária". Imaginem.

Mas hoje em dia, e isso também é verdade, a tecnologia vem se tornando cada vez mais simples, automática, intuitiva. Tá perto o dia em que qualquer geringonça eletrônica será bem mais simples de lidar do que uma prosaica escova de dentes, objeto cotidiano que, aliás, na contramão da história da tecnologia, vem se tornando cada vez mais complexo, como bem percebeu o Alan no outro dia: "Já viu que as escovas de dente estão ficando cada vez mais parecidas com tênis?", ele disse, e provou, a prova fotográfica não me deixa mentir, mas, ops, será que a fotomontagem que ele me mostrou pode ser exibida? Deixa pra lá. Melhor nem arriscar.

O que nos leva ao mais recente e mais grave problema da modernidade, pelo menos o que me deixa mais confundida: com tanta informação de graça à nossa disposição, onde fica o limite entre a colagem virtual criativa e a apropriação indevida? Se a arte contemporânea é este imbróglio de citações banais que a gente tem visto, onde é que no final vai parar tudo isso? Em que tribunal, de que instância desconhecida? Nem o Ministério da Cultura está conseguindo se entender direito com essas questões complicadíssimas, francamente. E falando nisso, não tive saco de ler o link do *Prosa & Verso* a respeito, que tal publicar um vídeo informativo?

Mas voltando ao universo dos livros. Os meus, pelo menos, da KBR, digo, são todos protegidos, tá? Nem adianta tentar escapar disso, mesmo porque, vou logo avisando, são tão baratos que a energia despendida pra tentar *hackear* o código criptografado acaba saindo bem caro, não vale a pena, podem acreditar. Vai aí, portanto, o meu não solicitado conselho de cronista: comprem; leiam; em qualquer aparelho em que o formato digital seja permitido, do celular ao iPad, passando pelo kindle, computador, etc. Deixem de lado a mais que ultrapassada nostalgia do livro, que ninguém mais liga pra nada disso.

É o conteúdo que interessa, e tenho dito. Bom domingo procês.

Rotina: pra que te quero?

Life is what happens when you are busy making other plans.
John Lennon

Eu já tinha tudo bem preparadinho, como faço toda semana direitinho, ali por quinta-feira, se nada intervier no meu caminho rotineiro: começo a pensar na crônica, sonho um pouquinho com a ordem esperada das palavras, alguma tirada engraçada e uma meia dúzia de associações mais ou menos contraditórias ou desprovidas de um sentido mais óbvio, *et voilà*: sai crônica a cada domingo, bem certinha, com o mesmo número aproximado de caracteres por texto como não reza nenhum contrato estabelecido: isso de domingo e de caracteres nada tem a ver com alguma exigência do editor nem nada disso, é só minha própria chatice, mais uma loucura careta de minha parte — faço questão de que tudo se desenrole rotineiramente, sem se desviar nem um pouquinho. O problema é quando alguma coisa fininha, discreta com aquela incômoda areiazinha que sempre sobra do mergulho no biquíni, se infiltra nas melhores intenções, e agora chega de tanto diminutivo, porra. Não faz meu estilo, embora eu seja em quase todos os aspectos uma pessoinha bastante diminuta, como muito bem sabem os poucos (e cada vez menos) amigos que me conhecem pessoalmente ("puxa, eu não sabia que ela era tão pequenininha...").

Pois cá estava eu 100% preparada para escrever sobre os interstícios do sucesso que estou experimentando pela primeira vez na vida (hum, interstício: este estrupício vem do dicionário bilíngue de administração que estou editando, desesperada, não consigo passar da letra I, tem sempre alguma distração infalível se infiltrando pelo caminho errado), deixa eu explicar, queria contar que quando o sucesso começa a chegar — vocês sabem, aquele período em que as coisas começam a rolar, mas falta dinheiro para se esbaldar, contratar, ampliar, e a gente acaba trabalhando tanto que é aí nesse ponto que os mais fracos desistem, chutam o balde (quer dizer, o pau da barraca, chutar o balde é totalmente outra coisa, bem mais radical e definitiva e um péssimo assunto para domingos, desculpem aí), deixam tudo isso pra lá e preferem relaxar —, vem com uma ralação sem fim e sem esperança de melhorar, mas melhora, sim, isto é, espero que um dia vá melhorar, acho que é mesmo por isso que o sucesso é tão difícil de alcançar, nem precisa mais explicar, mas ah, peraí que ficou faltando uma coisinha: pra ter sucesso realmente em alguma coisa é preciso estar disposto a desistir de algumas velhas rotinas, como ir ao cinema e a caminhada diária, por exemplo. Acaba não sobrando nenhum tempo (tentei por duas semanas seguidas assistir ao filme sobre o Facebook no cineminha de Itaipava, mas fracassei feio, resta esperar que chegue à tevê).

Mas aí me dei conta de que enquanto eu me alieno metodicamente de tudo (pois é, esqueci de contar que pra chamar o sucesso é preciso se desligar de tudo o que te distrai, ou te preocupa, ou te atrai, sabem como é) pelo tempo inteiro necessário para produzir, produzir, produzir sem cessar... o mundinho lá fora não para de se arrebentar, tudo parecendo estar a um segundo da explosão radical, da fatal invasão do radicalismo funcional, vejam o Egito primaveril, por exemplo: sai de um grande mal para outro ainda maior, já pensaram em ter que amargar uma puta saudade da ditadura de Mubarak?

Por outro lado, me vi também esta manhã — enquanto gastava meu já lamentado tempo escasso como se fossem meros trocados, em busca de alguma nova e importante informação na imprensa — lendo na internet que a querida Dilminha já vai se distanciando do estilo paz e amor do nada saudoso Lula da Silva (pelo menos pra mim, né, nem precisa esclarecer), vai que alguma coisa em que eu não acreditava nada, nada, acaba dando certo como se fosse nada? Só me resta torcer.

Com tudo isso, e tudo o mais que tenta me atrapalhar a vida, sobra a duras penas do meu projeto original de crônica — que já entra atrasada, na pressa danada de um mundo afetado pelo pós-imediatismo das redes sociais, ufa — apenas a sabedoria indelével do indiscutível lirismo de John Lennon, desse sim, eu sinto saudade: faça você o que fizer, a vida é o acontece enquanto você perde o seu tempo fazendo tantos planos, quaisquer outros planos, sabem como é. Arte é isso aí: qualquer coisa que enfrente e derrote o passar do tempo. E tenho dito.

Que venha a crônica, só pra não dizer que passei o dia à toa, à toa (calma aí, trata-se apenas de mais uma citação, desta vez do velho Bandeira), como, aliás, deveria passar todos os meus domingos, não fosse a droga da droga do sucesso iminente. Divirtam-se.

A SÍNDROME DO NILO

*Pessoalmente, acho que a liderança militar está com um pouquinho de
medo dos jovens movidos a Twitter da Praça Tahrir.*
Thomas Friedman em manhã de domingo, lido depois que publiquei a crônica

"Esta revolta é, em primeira instância, sobre um povo que está farto de ser deixado para trás, num mundo onde pode ver claramente como os demais avançaram", escreveu o mesmo Friedman, um de meus colunistas favoritos no *NY Times*, horas antes da queda definitiva de Hosni Mubarak, ditador do Egito por mais de 30 anos.

Nem adianta falar, pois não tenho como provar, não postei vídeo em nenhum lugar, nem áudio, nem nada, mas sempre acreditei que a grande solução contemporânea para os problemas do mundo, terrorismo e violência incluídos, seria inundar a Terra de computadores com acesso à internet, e vejam, não é que isso acabou de dar certo num dos cenários mais retrógrados e explosivos do mundo? Resta conferir se, como querem dez entre dez analistas ocidentais, a inesperada e bem-sucedida síndrome do Nilo irá provocar um efeito cascata em todo o Oriente Médio, já deu aí pra imaginar. O que os tanques e as balas não conseguiram controlar, o Facebook e o Twitter haverão de remediar, e estamos conversados.

Imaginem agora o céu coalhado de aviões americanos despejando milhares de iPads com aqueles paraquedazinhos coloridos sobre as conturbadas populações em litígio, delícia: todos conectados num mundo tecnologicamente equiparado, vamos combinar que ninguém terá tempo de pensar em atentados suicidas, ou virgens esperando no paraíso, ou apedrejamento de adúlteras, esse tipo de coisa. Estarão hipnotizados por vídeos no YouTube, sexo online, amigos internacionais e joguinhos de guerra na tela, tem coisa melhor? Tem: nenhum aiatolá barbudo e reprimido por perto pra te dizer o que vestir, o que comer, a quem namorar, em que trabalhar e como se comportar, eu, hein?

E quanto aos livros, ninguém precisa mais se preocupar. Já pensaram na impossibilidade técnica de tocar fogo em milhões de Kindles de metal, recheados de literatura profana e proibida? Fora que, mesmo a fogueira pegando, pouco ou nada adiantaria: seu acervo de ebooks ficaria acessível pra sempre do celular, do computador, do netbook do vizinho e, muito em breve, online mesmo, no cybercafé da esquina, como vem prometendo a Amazon. Fala sério.

Nada é mais incontrolável do que a liberdade de conexão, embora os jurássicos de plantão façam questão de ainda afiançar o contrário. Proibiram seu acesso à internet? Não esquenta. Num segundo proliferam centenas de hackers com endereços alternativos, recados postados e proliferados nos tuíteres mais acessados, a coisa é que nem cogumelo fresco em bosta de vaca depois da chuva, se é que vocês me entendem, do que, francamente, duvido: só mesmo morando no mato pra entender que forma renitente de vida é o tal cogumelo (e agora, no Cairo, a liberdade de ação), brota até em moldura de porta — aqui em casa, pelo menos.

O mais interessante de tudo é que eu estava vendo, ou revendo, sei lá, pela enésima vez na tevê a cabo, um documentário sobre o Bill Gates dos primeiros tempos, quando o cara ousava afirmar que colocaria um computador em cada casa no planeta inteiro e todos o achavam um visionário, isto é, um *nerd* drogado, um verdadeiro desvairado. Será que ele um dia imaginou que dali a pouco, não muito distante no futuro, sua invenção destrambelhada de fundo de garagem contribuiria, não apenas para o seu hiperinflado patrimônio pessoal, mas também para a paz mundial?

Ah, tudo bem, dirão vocês. Exagero, verbo e objeto. Mas tudo bem também que é do exagero que nasce o progresso, a visão, o projeto de expansão. E do desejo realizado de conexão, claro.

Quanto a Mubarak, reedita o destino de todos os ditadores, uns mais cedo e outros mais tarde, tomara que logo, logo, todos os desgraçados — assim que cair a ficha da modernidade, enfim, sobre cada povo subjugado —, e sem fazer muito alarde. Parafraseando ao contrário o nosso Getúlio, o pai dos pobres, isto é, dos pobres de espírito, que não deixou nenhuma saudade: sai da história para cair na vida (já que a Suíça bloqueou sem dó nem piedade os mais de 17 bilhões de dólares que o filho da luta roubou do Egito ao longo de sua insistente "presidência", ô bom).

E um bom domingo procês.

O sorriso de Alice

"Bem! Tenho visto com frequência muitos gatos sem sorriso", pensou Alice,"mas um sorriso sem gato! É a coisa mais curiosa que já vi na vida!"
Lewis Carroll, *Alice no País das Maravilhas*

— Tá sentindo alguma dor?

— Mm — respondo com alguma dificuldade, a boca obliterada pela estrutura de plástico monstruosa, bem maior do que a cavidade aguenta, mexendo de leve a cabeça da esquerda para a direita.

— Tá com frio?

— Mm — idem. O ar condicionado split cai até muito bem nesta manhã de verão na Serra, um alívio, que calor é esse, gente!

Não leva dez minutos para, sim, eu começar a sentir alguma dor, o lábio inferior esticado e a boca cheia de uma saliva que não consigo engolir (a língua se enrola no alto da moldeira), os braços despidos arrepiados, quase gelados, será que vou acabar me afogando em meu próprio cuspe? E na cadeira do dentista, *of all places*? Que humilhante seria isso!

Faltam outros cinquenta ainda, ai meu deus (falo dos minutos, claro, fora os anos já vividos). Melhor da próxima vez trazer meu Kindle pra me distrair, mas... será que vou mesmo conseguir ler, deitada sem jeito desse jeito?

A mente ocupada, a duras penas desligada da mesa do escritório abarrotada — deixada criminosamente de lado no meio de um dia normal de trabalho —, divaga, mas, em vez de relaxar, simplesmente apaga. Durante uma hora inteirinha não consigo pensar em mais nada, a não ser no fato de estar terrivelmente incomodada.

***

Não admira que ninguém nesta vida, que escolha passar por esses modernos procedimentos estéticos radicais da atualidade, conte realmente o que acontece nos bastidores das sessões de embelezamento, ou ninguém toparia tanto sofrimento só por conta de melhorar um pouquinho a aparência madura, quer dizer, irremediavelmente envelhecida. Já pensaram a dor, fala sério, das cirurgias plásticas mais extensas? Ou, mais rápido e simples, das agulhadas do botox?

Nem morta. Mas decidi clarear os dentes, por insistência de meu marido Alan, é bem verdade. Se dependesse de Alan, aliás (ih! aliterou!), eu cortaria os braços flácidos pela metade, esticaria o pescoço até as orelhas e ainda repuxaria sem pena a pele do rosto encolhida pela idade, isso, só pra começar.

Não me levem a mal. Não é que ele não me ame assim mesmo, do jeito que eu sou. Afinal de contas, no escurinho apertado da minha *vagina dentata* não tem ruga, nem papo, nem nada, nem dente amarelo na verdade tem, a não ser os tentáculos excitados do canal guloso e misterioso: uma fome que pelo que tenho visto não passa nunca, nem na secura da menopausa, ui, desculpem, taí outra coisa da qual pouco ou nada se fala.

O caso é que é ele, Alan, é responsável por minha imagem "pudica", ops, "pública", agora que tenho uma imagem pública para preservar. Além de ser meu editor de inglês, vocês sabem, é Alan quem define os objetivos mercadológicos da nossa editora, chique, não? Com tudo o que o *marketing* americano tem para acrescentar, anotem aí.

Pois prometi a mim mesma que se eu fosse convidada a participar da Bienal do Livro do Paraná, em agosto do ano passado, pelo menos clarearia os dentes pra dar uma leve realçada. Não fui. Mas quando o convite chegou para aquele congresso do livro digital, entendi que não ia escapar. Só resta agora eu ser chamada para a FLIP, meu sonho dourado de consumo literário. Afinal de contas, tenho um belo sorriso para apresentar, além, é claro, do sucesso retumbante do mercado brasileiro de ebooks, um país das maravilhas para Alice nenhuma botar defeito, se é que vocês me entendem.

Agora, vamos combinar. Eu reclamei, esperneei, ameacei nunca mais voltar (estão previstas 4, é, quatro sessões de clareamento), mas quando cheguei em casa e me admirei — espelho, espelho meu, tem alguém mais vaidosa do que eu? —, esqueci num instante o incômodo sofrido, é mais ou menos o que dizem que acontece com o parto normal, não é mesmo? (Eu não, infelizmente não saberia dizer.) Se alguém soubesse com antecedência a dor que se sente... ninguém nunca teria filhos, a humanidade estaria perdida, a não ser, é claro, pelo sorriso deslumbrante do recém-nascido, que apaga num segundo a memória de qualquer horror enfrentado.

Satisfeito com os resultados, Alan se aventura um pouco mais:

— Por que você não aproveita e pinta os cabelos de louro?

Ele está brincando, é claro. O cabelo grisalho e crespo é meu orgulho, minha marca registrada, pelo menos enquanto posso me dar ao luxo de só mostrar a cara em fotos retocadas de Facebook, vestindo horrendas camisetas caseiras do pescoço pra baixo, sabem como é — uma das vantagens do escritório inteirinho contido num computador: nenhum contato ao vivo pra lembrar que há um corpo a preservar, aliás, preservar para quê? Se até pra se apaixonar hoje em dia basta uma tela conectada à internet?

O que me lembra, bem a propósito, de minha primeira reação quando vi a foto de Alan no JDate: comentar que ele tinha um "sorriso do Gato de Cheshire". Embarquei com vontade no romance e, francamente, estou até hoje tentando entender como fui me envolver com esse Chapeleiro Louco que mora agora aqui em casa. Amor de verdade é isso aí: "...você não tem saída. Somos todos malucos aqui."

***

Ah, já ia me esquecendo. A dentista que está clareando os meus dentes é a Doutora Patrícia, aqui de Corrêas mesmo, muito competente e por um precinho imperdível de cidade do interior. Você que mora na cidade grande (ui!) pode marcar hora, vir para o fim de semana romântico com seu marido e se hospedar na Alcobaça ali do ladinho: vai sair com os dentes branquinhos e ainda se esbaldar com o cheirinho de mato e o famoso cardápio assinado de Dona Laura Góes, um programa estético-cirúrgico de primeiro mundo, bem melhor e mais em conta do que qualquer cirurgia plástica na Jamaica, pode acreditar. Eu recomendo. Nada me resta a não ser recomendar.

E um bom domingo procês.

O LADO PERVERSO DA BONDADE

Tínhamos ali o nosso Universo. Vivia-se na Paz de Deus. Eram essas
coisas na Fazenda Paraíso. E, como todo paraíso, só valeu depois de perdido.
Cora Coralina, em *Raízes de Aninha*

"Santo Antônio da Providência", diz o lindo portal de madeira tra-
balhada, cercado de buganvílias enlameadas e que não dá acesso a
mais nada. Pois nem a previdência do santo assegurou proteção contra
a ação furiosa deste verão, um soluço da história local onde o aguardado
calendário promocional enlouqueceu de uma vez: a Paixão chegou antes do Carnaval, embora a quaresma, teimosa, continue insistindo ali no
meio — são até agora 40 dias de lama e horror, por enquanto sem páscoa
nenhuma para redimir a dor.

O que nos leva ao dilema original da grande campanha da Igreja
Pentecostal, documentada em Madame Machado, conforme depoimento fotográfico anexado:

7 SEGUNDAS DE QUEBRA DE MALDIÇÃO

Será que a maldição a que o pastor se refere veio antes ou depois
da punição? Pelo visto e pela data na faixa, 2 de agosto (de 2010), tanta
oração não ajudou em nada, ah, duvidar pra quê. Melhor esquecer, respirar fundo e tocar a vida do jeito que dá, isto é, o que restou dela pra se
virar. Como o João, meu peixeiro de trutas do hortomercado, coitado,

que teve sua casa arrastada, nem do terreno onde ele morava sobrou nada, foi tudo engolido pela água. Haja fé para suportar.

∗∗∗

Vamos combinar que ao preparar a coluna desta semana eu tinha a séria pretensão de ser cômica, irônica, mas mudei de tônica no meio do caminho, não deu pra evitar a tristeza, fazer o quê.

Começou na terça-feira passada na cozinha aqui de casa, num papo rotineiro regado a café com a minha portadora semanal do noticiário popular real — Ivete, a faxineira, meio dada a delírios de certeza como vocês poderão ver —, em resposta ao meu comentário de ter encontrado os supermercados de Itaipava bastante vazios: "Mas Dona Noga, a senhora sabe, estão a ponto de quebrar. Foram tantas doações que ninguém precisa comprar comida para os próximos seis meses, a senhora precisa ver. Lá perto de casa é gente à beça que não sofreu nada abastecendo a despensa de graça, e alugando suas casas por uma nota para a prefeitura, que está pagando um ano adiantado de 'aluguel social' para alojar os desabrigados. A igreja, imagine, tem uma placa na entrada: 'Temos doações'. O pátio está atulhado de garrafas de água e cestas básicas, quem vai consumir tanta comida eu não sei."

"É mesmo, Ivete?", já fui achando engraçado, absurdo o suficiente para render crônica.

"Ninguém está bebendo a água do Imperador, dizem que está contaminada com os corpos dos afogados, um terror. O dia inteiro aqueles caminhões lotados de lama pra cima e pra baixo, o cheiro de podre no ar, ai, mal dá pra se respirar."

Foi o que bastou pra que eu me decidisse a sair da toca e fotografar. Pedi a ela pra me guiar e combinei de levá-la em casa quando terminasse a faxina. Até então, confesso, não tinha tido coragem de ir até o Cuiabá (que é bem longe daqui, uma meia hora de carro mais ou menos), conferir o estrago e as providências do Estado, que, ainda segundo a Ivete — por sinal, grande fã de Dona Dilma e do Governador Cabral por conta da eficiente atuação do Poder Público, contrariando as matérias publicadas no jornal e as aparentemente desinformadas acusações da oposição; eu, francamente, não tenho opinião, só escrevo sobre o que vejo e escuto —, não parou um segundo de trabalhar na limpeza e resgate dos bairros afetados.

Bem. A primeira parada me deixou bastante frustrada: eram apenas umas duas dúzias de garrafas pequenas de água empilhadas, mas o aviso, ok, estava mesmo lá. Deixei Ivete em casa e fui com Alan para o Cuiabá. Segundo ela, seria fácil de encontrar, bastava pegar a estrada de Teresópolis que o horror começaria a se mostrar.

Conclusão: resta, realmente, muita coisa pra consertar, sabem como é, aquela mesma cena triste a cada vez que a natureza decide se manifestar, como agora, por exemplo, no terremoto em Christchurch, Nova Zelândia — há os que perdem tudo e os que nem foram incomodados, há ruas cheias de entulho e locais que são preservados, tudo dependendo de sorte, oportunidade, ou, sei lá, das intenções de quem decide registrar a cena. Tem a destruição e a reconstrução no mesmo lugar, lado a lado, até a rotina retornar.

Os caminhões cheios de lama se cruzam na estrada pra lá e pra cá — como a própria Ivete me contou —, alguns deles realmente cheirando meio mal, é verdade, um drama real. Triste, mas nada a ponto de exigir a máscara cirúrgica que uma única moradora exibe enquanto espera o ônibus perto de Madame Machado, uma cena tão ridícula quanto imperdível (posso te fotografar? não! não!, ela reage, preocupada, quem mandou perguntar...). Mas, no geral, fora algumas propriedades alagadas e trechos do rio entulhados de troncos e lixo acumulado, o que se nota é uma grande vontade de recuperar a normalidade, estar ok, deixar o bloco passar. Como tudo nesta dureza de vida, vamos combinar, um tema tão duro de encarar.

E bom domingo procês, é só o que me resta desejar.

Eu sou fã da Anatel

Tô muito bem trabalhando no escritório quando toca o telefone no início da tarde: "Posso falar com a senhora Noga?"

Já fico de mau humor, vou logo pensando que é telemarketing (não atendo telemarketing, tchau, obrigada!), oferta de cartão ou pedido de doação para a velhice abandonada, sabem como é, mas desta vez não é nada disso.

"Aqui é da Oi. Estou ligando para confirmar para a senhora", diz a voz feminina, com uma tranquilidade tão forçada que só consegue irritar ainda mais, "que a senhora obteve um desconto em sua conta total de 20% no próximo mês, mais um abatimento de R$106,00 pelos 10 meses seguintes."

"Sim, ok. Estou ciente."

"Mas a senhora está en-ten-den-do? A senhora en-ten-deu direito? Cento e seis reais a partir da conta se-gui-nte", ela insiste, como se eu fosse uma histérica retardada.

"Entendi muito bem."

Volta tudo pra trás. Este é o capítulo final de uma novela que se desenrolou no mês passado, me acreditem, e que se desenrola a cada dez meses para os felizes assinantes do Oi Conta Total que fazem questão de manter sobre o valor de sua conta um controle total, vocês sabem, a maioria das pessoas nem liga, nem percebe quanto paga no débito automático, e é aí que mora o lucro da companhia. Mas eu sou mineira, judia, digam o que quiserem, ou, simplesmente, sempre sem dinheiro mesmo, o que me obriga a manter olho vivo sobre todas as minhas contas, senão onde é que eu vou parar? Trabalhando 24 horas sem parar? Pô. Peraí.

A Oi, uma das mais odiadas prestadoras de serviços deste país, faz de tudo pra enganar o consumidor com aquelas carinhas doces emolduradas de cachinhos dourados, "Oi, simples assim." Simples, coisa nenhuma. A cada dez meses, pra quem tem a caixa remediada, é essa luta que vocês estão vendo aí: o desconto expira, e por alguma razão que ninguém me explica só é retomado na base da porrada, ui, desculpem. E porrada, aqui, é apelação para "instâncias superiores", sabem como é, e agora vou tomar uma atitude inesperada, vocês me desculpem, mas vou elogiar um órgão do governo e uma iniciativa, creio, do governo Lula, quem diria: a criação do portal de reclamações da Anatel, vulgo "defesa" do consumidor de telefonia, ou telecomunicações, sei lá.

É só ir lá, se cadastrar e registrar sua queixa, que eles prometem e cumprem, a única exigência é ligar antes para a "sua operadora" e obter um daqueles inúteis "protocolos de atendimento", nem precisa falar com ninguém que não ajuda nada mesmo. Em cinco dias úteis, às vezes até menos, chega por email o retorno da sua solicitação, nem dá tempo de cansar de esperar, esquecer, resolver deixar pra lá. Eis aí, estraçalhado em miúdos, o mistério por trás da forçada calmaria da atendente da companhia, ufa. Eles que se atrevessem a me negar o desconto a que tenho direito, cento e seis reais bem contados em minutos de contato, um benefício ao cidadão que, vamos combinar, em tempos de skype e telefonia voip tende aos poucos a não beneficiar mais consumidor nenhum. Mas, por enquanto, pra gente como eu, apegada ao velho telefone fixo (eu já disse outro dia a um cliente e amigo enquanto pagava a conta do supermercado, ele: "Pode falar?"; eu, mal respirando depois de encontrar, ansiosa, o aparelho perdido, gritando alto dentro da bolsa entupida: "Posso, mas não estou escutando nada... sou ruim de celular..."), pelo menos a alguma coisa ultrapassada eu tinha que me apegar, não é mesmo?! Quem aguenta tanta novidade todo dia...

O que me leva, finalmente, ao tão acalentado hábito de criticar tudo, desta vez aquela outra Ana, nossa ministra já não tão brilhante assim, gente, que atraso de vida é esse, hein? Ah. Tudo bem. Confesso que estou bem por fora do que promete — ou prometia, sei lá, parece que a coisa já vai no caminho de se arquivar — a pretendida reforma do direito autoral, um vespeiro, aliás, no qual faço questão de não me atualizar, mas, peraí, Aninha, o que é isso de "satanizar o autor"? Sempre pensei que o verdadeiro objetivo dessa polêmica fosse "proteger o autor", né não? No meu ramo, pelo menos, o que a revolução digital vem proporcionando ao escritor é um direito autoral bastante vitaminado, e mais a facilidade de controlar o destino da própria obra com a transparência crescente dos mecanismos de controle de vendas, contratos não-exclusivos, essas coisas. Eu, particularmente, faço questão da proteção por DRM nos livros que publico, além de outra providência que mais do que tudo protege, sim, o patrimônio do autor: o preço baixo da obra.

Explico: minha política na editora é vender o ebook por um preço tão em conta que não vale a pena o empenho em piratear, craquear, hackear, este tipo de coisa, nunca perco a oportunidade de enfatizar. Melhor comprar logo e pronto, se divertir com a leitura, sai bem mais barato que entrada de cinema, quase um pay-per-view, é isso aí: proteção autoral de verdade é dinheiro na conta, sabem como é. Na conta do autor, claro, não do órgão arrecadador, se é que vocês me entendem, ah, melhor deixar pra lá.

O que eu sei é que no final das contas pouco adiantará ao nosso Brasil varonil embarcar na contramão da tecnologia de ponta, um apego ao retrocesso que nunca deu, e jamais dará certo. Abre o olho, Dona Ana.

E bom domingo procês. Pra quem não gosta de samba e é bom sujeito do mesmo jeito, confesso que tá tão quieto lá fora que quase esqueci que era domingo de carnaval.

Férias de marido

"Não é que a gente, assim, tenha aquele amor, mas a gente se acostumou um com o outro, então quando ele viaja eu sinto falta", me confessa ao telefone, entre constrangida e emocionada, a enfermeira de mamãe.

Bem. Não sei se o que Alan e eu nutrimos um pelo outro é amor de verdade, mas se não for, o que seria? O que sei é que várias vezes ele ameaçou, ensaiou, planejou, mas nunca conseguiu se decidir de verdade a sair sem mim do Brasil, país que ele admira e detesta ao mesmo tempo, pois o mantém cativo no meio do nada, "longe de tudo o que ele mais ama nesta vida". Ok. Vamos fingir que acredito.

O caso é que, finalmente, depois de seis anos e três meses grudados, sem passar sequer uma noite separados — exceto as em que, obviamente, eu dormi na sala e ele no quarto para evitar um mútuo assassinato —, Alan vai viajar sozinho nesta segunda-feira para visitar a irmã, que ele não vê há vinte anos — como dá pra ver, não só por estar vivendo aqui comigo —, e os "nossos" dois filhos, que ele não vê desde a vitória de Obama, bem, esta contagem é só minha, pois se dependesse de Alan, Obama jamais teria sido eleito presidente dos Estados Unidos. Mas a gente estava lá, no Havaí — testemunhando a trajetória do homem —, a caminho de Kaneohe, com David ao volante da velha caminhonete e Erik nos esperando para o jantar em Pearl Harbor... ou seria outra base na mesma ilha japamericana? Tá bem, me confesso confusa. Mas que foi história pura, foi.

Até aí, tudo bem. Já me conformei com a longa separação — duas semanas —, fiz planos para o silêncio na casa, para a tranquila ausência de testosterona nas tardes outonais, férias parciais no expediente de doméstica — ops, desculpem, dona de casa —, liberando tempo livre para tudo o mais que tem se acumulado sem remédio em cima da mesa do escritório. O problema começou de verdade quando, no mesmo dia da emissão da passagem às três da manhã de uma sexta-feira — no último minuto da última hora do último dia de validade da reserva que já durava outros sete, com Alan ainda hesitante me tirando da cama por causa do número do cartão de crédito associado ao prêmio de milhas, ufa —, assistimos depois de vários meses ao último episódio de "Medium".

Confesso que já fui fã desse seriado, que, como todo mundo sabe, já foi cancelado faz tempo nos Estados Unidos, e se eu seguir confessando vai ter coisa muito pior que isso. O que interessa é que nos primeiros minutos do programa, naquela fase em que ninguém nunca soube direito se Allison Dubois está sonhando o que vive ou vivendo o que sonha, seu querido marido Joe havia morrido num desastre aéreo voltando do Havaí, pô, peraí. E pensar que eu já vivi minha vida desse jeito, sabem como é, procurando em tudo um sinal de tudo o mais e acreditando em bruxas, porque que *las hay, las hay* e até já me considerei uma delas, se alguém duvida é só ler o meu primeiro livro, *Eu, xamã*, o nome já diz quase tudo, não é mesmo?

Pois o que realmente confere ao mistério sua qualidade de "magia" é, no mínimo, o tal do *perfect timing*, vocês sabem, estar no lugar certo na hora certa ou, por outro lado, no lugar errado em hora muito errada, como no caso de uma queda de avião. Quanto a mim, consigo entender muito bem que esse meu pé esquerdo no fatalismo fantástico tem tudo a ver com o trauma da morte de papai, que, entre outras coisas, me marcou para sempre com um incurável pânico de atrasos, quer dizer, se alguém que estou esperando se atrasa para um encontro... nunca é por causa do engarrafamento, ou da dúvida cruel ao abrir o armário para se vestir, ou de um simples desleixo com o horário, nada disso: é acidente mortal na certa, mais uma vítima fatal no tráfego temerário da existência.

Desde então, tenho feito um esforço tremendo para duvidar de todas as tragédias com as quais eu possa ter sonhado, ah, é só um sonho pesado, e sonhos nunca acontecem de verdade, a não ser para a Allison, claro. E o pior de tudo é que desta vez, no famigerado final de série, fim de todas as bem-sucedidas temporadas do programa, o aviso de morte não poderia ser evitado: Joe morre mesmo, de verdade, já tinha morrido no começo do episódio que termina com a vidente muito velha, meio desmemoriada e sendo resgatada para o paraíso eterno pelo eternamente jovem fantasma do marido falecido, eu, hein, nem pé de pato na madeira três vezes daria jeito no terrível "predestinismo" que tomou conta de mim naquela hora, coitada.

Dei um suspiro profundo e compartilhei com Alan meu incômodo com a situação, vocês queriam que eu fizesse o quê? Ele ficou com raiva — com toda razão, vamos combinar —, me chamou de ridícula e gritou comigo a sério, imaginem, imaginem se ele tivesse me conhecido nos meus sempre muito bem escondidos tempos de gurus, xamãs, paisde-santo e simpatias... Tô bem melhor sem isso, francamente. Esperei, respirei, deixei que passasse o momento terrível e me recuperei.

Mas o que ainda preciso confessar a vocês é que vivi esta última semana intimamente como se fosse a última..., bem, nem preciso contar. Isso, pra nem mencionar o terremoto no Japão que acabou de acontecer, e o resultante tsunami que ameaçou o Havaí pouco antes de o avião de Alan pousar (se não fosse demais acrescentar, eu diria que o nosso amor começou com um tsunami e vai terminar com outro, eta casamento diluviano, sô).

Não consegui dar nem mais um passo sem o destino da viuvez a me pesar, só pensando naquilo, sabem como é. Nem fui capaz de me organizar para um adeus decente, para o caso de tudo terminar de repente, só o que consegui foi tentar concluir a tradução que Alan e eu estamos fazendo juntos, tai: nosso último ato de amor neste mundo não será um beijo ardente, um carinho premente, um orgasmo competente, nada disso: será *The Poetics of Episteme-Art*, de Adão de Faria e Lílian Gomes — dois mineiros vanguardeiros, um paradoxo pra ninguém botar defeito —, a primeira tradução em inglês da história da literatura a ser publicada globalmente pela própria editora da edição original em português, que tal isso como um legado apaixonado, hein?

E com esta me vou para junto do meu grande amor, me entregar finalmente a uma cálida despedida, oba, essas férias de Alan já estão valendo pralguma coisa... E bom domingo procês.

FUKUSHIMA, MEU AMOR

> *Hoist with his own petard, an't shall go hard*
> *But I will delve one yard below their mines*
> *And blow them at the moon.*
> William Shakespeare, *Hamlet*, ato III, cena 4

"Adquirimos um desejo de tecnologia que ultrapassa a compreensão humana. Mas a conta cobrada por tal desejo veio cara demais", escreveu o romancista japonês Kazumi Saeki no NY Times desta terça, um impressionante relato em primeira mão da tragédia no Japão.

Pois vou contar pra vocês que quando assisti na tevê ao "2012", uma odisseia no calendário maia, achei tudo aquilo uma bobagem sem fim, "efeitite especial" gratuita e chinfrim: em vez de chorar, devo confessar, eu ri. O que nunca esperei é que haveria de ver exatamente aquelas mesmas cenas na vida real, e isso, imaginem, num fuso horário excepcional: tudo bem que o ano seguinte até chega mais cedo no Reino do Sol Nascente, mas com nove meses de antecedência? Peraí. Nem deu pra gestar a ideia de o mundo acabar e o fim já estava acontecendo lá, com tremor, fogo, tsunami, inverno nuclear e tudo o mais a que temos direito, o pacote completo. Argh.

Por conta do carma japonês suicida e mal pago na Segunda Guerra, vamos combinar, houve certa licença poética nesse "acidente" nuclear, é ou não é? Os corretos que me desculpem, mas quem decide arriscar a vida de um país inteiro (e com um pouco de azar muito mais do que isso) por essa estúpida opção de energia "barata e eficiente", francamente, não precisa de inimigos. E nem de telefone vermelho: a usina em si já é uma espécie, digamos assim, de doença autoimune em termos planetários — ataca sem avisar, e a gente não consegue mais se curar.

No Brasil, ainda vá lá, mas quem, em sã consciência, me digam, construiria uma bomba dessas — sem duplo sentido — numa ilha isolada, sem muito espaço pra se escapar, e ainda sujeita a tsunamis e terremotos? O curioso é que li no outro dia que embora no Japão existam robôs e automação para quase tudo, a segurança das cinco usinas acabou ficando mesmo por conta daqueles baldinhos de helicóptero, sabem como é, e de água salgada ainda por cima. Não deu, né, gente? Rimou com fu... ah, melhor deixar pra lá.

E o mais grave de tudo, pra mim, pelo menos, é que Alan está no Havaí, bem mais perto do que eu gostaria da tal onda radiativa cujo perigo real a imprensa oficial faz questão de negar — como publicou no Facebook meu "filho" mais novo Erik Sklar, um especialista em... submarinos nucleares da marinha americana, confiram: "Depois de ler e ouvir sobre qualquer coisa nuclear produzida por uma fonte de notícias nestes últimos dias, não acredito mais em nenhuma informação que eles publicam", vai que ele sabe mesmo do que está falando, ai, deus, que aflição. Já pensaram se o mundo acaba, Alan e eu separados por meio mundo? Resta apenas o consolo de que ele morrerá feliz, junto àqueles que mais ama nesta vida, quer dizer, junto às únicas pessoas que ele realmente ama, como nunca se cansa de repetir. Amar é isso aí, né? Desejar a felicidade do outro, e o pior é que ele nem tem tido a gentileza cotidiana de me ligar. Tá certo. Pode deixar que por aqui eu sei me virar, e depois de morta nada disso vai mais importar.

Vocês podem até me dizer que o perigo já passou, afirmar — como alguns de meus amigos mais queridos — que esse meu papo fatalista de fim de mundo, no final das contas, é só porque ando deprimida com as tais férias de marido, tudo bem, admito. Se casamento é vício, tô em crise de abstinência, fazer o quê.

E no entanto, cá do nosso ladinho do planeta — que também andou sacudido, não faz muito tempo, pela violência defensiva da natureza —, a vidinha continua. Imaginem vocês que com toda essa crise rolando nem faltei ao meu compromisso com a dentista pra completar o clareamento, morro sim, mas morro bonita. E mesmo estando tão tensa, a visão matinal do barrigão da doutora adentrando o consultório, encimada por seu belo sorriso iluminado, me tranquilizou no ato. Batemos um papo rápido e calmante antes que eu me calasse por força da moldeira, e fui logo perguntando:

— Então, Patrícia, o que tem achado dos últimos acontecimentos? As coisas andam bem agitadas, não é verdade?

— Bem, Noga, você sabe, é Jesus que está chegando. Não sei se você lê a Bíblia, mas está tudo lá, bem explicadinho.

— Então você acha que tá tudo certo? É tudo bom? Tudo para o bem?

— Acho, sim!

Bom. Quem sou eu pra discutir... E nem que eu quisesse — com a boca entupida de silicone daquele jeito —, mas enquanto a Dra. Patrícia foi me contando sobre seu competentíssimo obstetra japonês (ui!), em quem ela confia completamente — apesar de o cordão umbilical estar enrolado no pescoço do feto e o útero dela já dilatado, pronto para o parto —, me senti emocionada quando a ponta da barriga avantajada se encostou no alto do meu braço esquerdo, já pensaram se o bebê dela me toca de verdade? Eu estaria pra sempre abençoada, enquanto há nova vida há esperança, certo? Pois é. No final vai dar tudo muito certo, é só esperar que a felicidade vai chegar.

Uma boa hora para a Patti e um bom domingo procês! Amém!

Correio da Boa Notícia

Eu sou assim: quando ponho em palavras dói menos.
Miriam Leitão, vítima de dengue, em seu blog

— Você é como muita gente — diz à desalentada paciente o charmosíssimo Dr. Chase, num dos mais recentes episódios de "House". — Prefere as recordações ruins às boas.

Será que sou assim também? E você? Confesso, por exemplo: sou no mínimo imediatista. No outro dia, imaginem, estava esperando pra ler uma boa entrevista sobre a minha editora digital — num órgão importante da mídia tradicional, raridade — que não saiu, sei lá por quê. Já tinha até encomendado os jornais de domingo pra distribuir aos clientes e amigos (moro no mato, sabem como é, tudo tem que ser planejado com antecedência)... Murchei. O que sei é que na minha cabeça fatalista o repórter já me detestava sem motivo, a matéria teria caído porque o editor não me aprovava como conteúdo, pior, o cara até poderia ter morrido de repente, não tenho sorte mesmo, mas... que nada! O rapaz estava de férias na Europa e nem vira a edição do dia! Quanto à matéria, teria provavelmente sido adiada por uma semana ou duas. A conferir (cruzando os dedos).

Alan, de férias com os filhos no Havaí, 8 horas atrasado de acordo com a diferença de horário, mal tem falado comigo (e nem cogito que é apenas por estar se divertindo, no mínimo descansando de mim, deus sabe que ele precisa disso). Só me manda mensagens lacônicas no Facebook, todas com a palavra "doente", sem saber, ou sabendo até bem demais, que isso me deixa doente... de preocupação. Já até agendei uma consulta no especialista, isto é, se ele sobreviver o suficiente pra retornar na data prevista. Toc toc toc.

Deve ser genético, não sei. Mamãe, coitada, quando caiu doente, começou a reinventar sua vida como uma verdadeira demente. Tudo que ela dizia no início fazia sentido perfeitamente, uma história coerente capaz de convencer a qualquer um, tudo, porém, produto aleatório de sua mente. A coisa se agravou mais ainda quando tudo que ela inventava piorava o que tinha ocorrido consideravelmente: era odiada pelos filhos, tinha sido abandonada pelos amigos, e até traída pelo amoroso marido, impecável em vida, francamente, que a deixara viúva bem antes do previsto. Mas se estava na verdade recriando tudo, por que não tingir as memórias de uma corzinha mais rósea? Não seria o que vocês fariam? Eu, sim, até já costumei fazer isso, passando a limpo o sofrimento, os desejos frustrados, os relacionamentos deteriorados, mas que nada, gente. O que ela mais queria, ou o que mais parecia querer, era se punir por alguma coisa indefinida, fazendo da própria vida uma versão ainda mais sofrida. Argh. Deus me livre.

O *Globo* online, por exemplo, tem na sua *homepage* um retângulo azul (pois é: "tudo azul") com as notícias de destaque do dia: incêndios, estupros, explosões e suicídio, crianças perdidas, golpes generalizados — a violência não falha, basta um toque de drama pra fazer jus ao espaço destacado, ainda melhor quanto mais bizarro, como no caso do sujeito que estrangulou a namorada no elevador e foi flagrado pelas câmaras de segurança. Mas... estrangular? Ai que saudade do tempo em que bom, bom mesmo, era beijar na boca e até trepar no elevador, sem ninguém pra testemunhar e atrapalhar o ardor.

Chega a terça-feira e com ela a faxineira, minha portadora semanal do noticiário local. Em nosso *meeting* rotineiro às 8 e meia da manhã, Ivete nunca falha. Meio deprimida com a ausência de Alan, eu já tinha começado muito bem o dia lendo no *NY Times* o trágico relato de uma das vítimas fatais de um acidente de ônibus em Nova York: o sujeito, um imigrante chinês ilegal, escapara da prisão na China por ter defendido a esposa grávida do segundo filho, como todos sabem um crime mortal no ex-país de Mao, justiça comunista ou o quê? Mas, voltando à Ivete: entre tantas histórias da comunidade, foi logo me contando o caso de um vizinho de 17 anos que iludira e estuprara uma garotinha de cinco, que atraíra com balinhas, tudo com as tintas do enorme realismo que só uma testemunha ocular, bastante exagerada por sinal, seria capaz de empregar. Chamaram a polícia, e o cara escapou por um triz de morrer linchado pela própria família da vítima.

Tudo bem. Não vou embarcar no catastrofismo eu também. Afinal de contas, esta crônica de domingo é pra vocês se divertirem, relaxarem a cabeça dos múltiplos perrengues da semana, não é mesmo? O que vocês provavelmente não sabem é que minha vida de cronista não passa, através dessa constante ironia que eu pratico, de um expediente gratuito para evitar o analista. Do contrário, enlouqueço, pois é, agradeço a todos por serem solidários, embora involuntários, e, vocês sabem, em tempos de amizades digitais — isto é, digitadas a cores nas redes sociais —, imaginários, como quase tudo o mais.

E agora está pra melhorar demais, confiram a novidade do momento em termos de site de relacionamento: a maledicência virtual, e anônima, ainda por cima. Ok. Falem mal, mas falem de mim, afinal de contas foi sempre assim. E bom domingo procês.

***

Em tempo: essa ideia de "Correio da Boa Notícia" não é minha, e pra não ser acusada de plágio mais tarde já vou logo dizendo que foi concebida por uma amiga, aliás, minha primeira cliente de design de revistas, a hoje em dia incrível teórica da musicoterapia Alba Lírio, é isso aí. Alba, querida, melhor mesmo é cantar pra subir. Estamos aí.

O PAPO DOS DINOSSAUROS

A crise sombria dele me lembrou uma frase de Pina Bausch, num de seus balés: "Você tem medo de quê? Dinossauros?"
Noga Sklar, Hierosgamos, *um sucesso literário "autopublicado"*

"Pertence à cada vez mais rara estirpe dos editores cultos, literários. E assiste todos os dias, comovido, ao espetáculo de ver como a vertente nobre de seu ofício — editores que ainda leem e que sempre tiveram atração pela literatura — vai se extinguindo sorrateiramente no começo deste século", leio no primeiro parágrafo de *Dublinesca*, novo romance de Enrique Vila-Matas que encomendei — em papel, imaginem, pois não saiu em ebook ainda, ah, se fosse comigo — por recomendação de um amigo editor, outro dinossauro com quem compartilho o gosto por Vila-Matas, literatura, leituras e James Joyce, Shakespeare, essas coisas antigas, título sugestivo, hein? Pelo menos pra mim, que me considero uma "dublinesca" de carteirinha.

Tudo bem. Está na moda puxar sem vergonha nenhuma a brasa pra sua própria sardinha — como fez Caetano Veloso, defendendo com unhas e dentes em sua coluna de *O Globo* o patrimônio (cultural?) de sua maninha — e eu, vocês sabem, não vou me furtar a estar na moda, nem poderia. Afinal de contas, pra quem já foi rotulada, há muitos anos, de "vanguarda do Brasil" (vanguarda, outro papo de dinossauro) e agora aceita orgulhosa a etiqueta de "desbravadora digital", estar na moda é uma rotina de vida, melhor, estar adiante, criando moda. Sem falsa modéstia, que é coisa que não cai nada bem em quem pretende estar sempre correndo na frente sem reclamar do preço que tem que pagar por isso — bem alto, por sinal, e bem solitário, além disso.

O caso é que fui objeto — ou sujeito, sujeita, abjeta, dependendo do ponto de vista — de uma bela matéria do *Globo* no último domingo (é, exatamente aquela que eu pensei que não sairia nunca) sobre... autores independentes, isto é, aquela leva crescente de autocriadores que, por ter acesso hoje em dia às democráticas ferramentas de autopublicação digital, andam pensando que já não precisam de editores em suas criativas vidas. Eu mesma — que, cá entre nós, saí muito bem na foto e na fita — apareço no artigo como feliz autora independente de sete livros, entre eles um romance e outro esotérico (ui! pior que é verdade! e onze anos mais tarde, acreditem, a verve continua a mesma, mas a crença, quanta diferença!). Mas com o que não concordei, absolutamente, foi a descrição apurada (apurada pelo repórter, digo) do meu atual ofício, "auxiliar na autopublicação dos nossos escritores", autopublicação? Como assim?

Quem vem para a KBR não se "autopublica" — desculpem o uso indevido do nosso querido PQAGEA para autopromoção profissional, mas depois que Caetano usou a página do *Globo*, tribuna nobre, pra sua autonepotização, francamente, tudo ficou permitido —, mesmo porque quem se autopublica com muita frequência se trumbica, e não estou aqui pra ajudar ninguém a fracassar como autor, é ou não é?

Pois é. Pra quem se arvora de inovadora, em termos de editora sou bem antiquadazinha: capino cada linha, melhor, cada entrelinha, e não me poupo nenhuma crítica, não deixo barato nenhuma (falta de) vírgula ou verbo equivocado no tempo, sabem como é: nossa bela Língua Portuguesa tem seu farto quinhão de armadilhas de estilo — ervas-daninhas legítimas, embora dinossauros bem mais emplumados (do que eu jamais serei) afirmem, com propriedade, que é na verdade uma "flor do Lácio". Cuidado com ela.

Pra quem quer de verdade florescer como artista no Éden redivivo dos maravilhosos livros digitais, vai o meu conselho elitista: não acredite em nada que seja de graça, ou fácil, ou milagroso demais, vocês me entendem — aquela coisa tão boa, mas tão boa, que de tão boa até parece mentira. E é.

Ser escritor até pode ser um nobre ofício, mas caramba, ô coisa difícil! E é pra isso que existe o salvador, ops, o editor, aquele sujeito que vive no sacrifício dando jeito no que, de outro jeito, jeito nenhum teria, e ainda por cima tendo que ser discreto, modesto, um nada à esquerda de cada parágrafo que se inicia, longa vida ao editor, esse pobre-coitado.

E antes que vocês caiam no choro de tanta pena da vida dura que leva esta sua amiga, me deixem explicar qual é o grande segredo, porque me empolgo tanto com a tal profissão de editora de livros que chego a dizer que pareço ter nascido pra isso: enquanto vou lendo os textos e os modifico, acreditando de verdade que os melhoro substancialmente, pratico sem nenhuma vergonha o meu complexo nato de superioridade, de um hedonismo anal pra analista nenhum botar defeito — ah, tá bem, Freud, anal, analistas, mais outros tantos dinossauros epicuristas —, e que, cá entre nós, todos sabem, apenas disfarça uma incurável carência de autoestima, ui.

E con eso me voy, e un feliz domingo para todos ustedes, o meu, graças a Deus — Deus! O Último de Todos os Dinossauros! —, já de volta aos ruídos caseiros de Alan, meu marido querido, ufa. Que alívio.

Dor é o melhor remédio

Acordo cedo, olho pro lado e me deparo com Alan já acordado, bem-disposto, sorridente e rosado.

— Tudo bem, querido? Tá se sentindo bem?

Esta história que hoje vos conto, com final feliz por enquanto, começou semanas atrás, com Alan ainda planejando a viagem para o Havaí. Bem, segundo ele mesmo, há muito mais tempo, sete anos para ser exata, quando me conheceu na internet e ao mesmo tempo conseguiu, de contrapeso para a minha "deliciosa companhia" — isso já é coisa de Matheus, meu segundo ex-marido, xô! —, o caminho inevitável para uma úlcera de duodeno, pois é, não tem vergonha nenhuma de declarar em alto e bom som no consultório médico que os males que ele sente — a pressão alta, as dores no corpo e, agora, pior ainda, um incômodo persistente na boca do estômago — são todos provocados por mim, mais especificamente porque não falo inglês como ele gostaria, fazer o quê (nessa, nem um Berlitz da vida poderia dar jeito, francamente).

O caso é que como eu ia dizendo Alan estava de férias no Havaí, junto às pessoas que ele mais ama nesta vida e que, graças a deus, falam inglês perfeito desde criancinhas, e a dor no estômago nada de melhorar; muito pelo contrário, eu sozinha em casa, nas lacônicas mensagens, só ouvia falar de "*vomit, stabbing pain and diarrhea, do grego,* διάρροια" — coloquei em grego e inglês para incomodar menos, soar mais "científico", afinal de contas nada disso é papo de domingo, não é mesmo?

Agora me digam: eu daqui, a um oceano e meio de distância, como poderia ajudá-lo, a não ser ficando louca de tanta preocupação? Mandan-
do ondas consecutivas de energia azul curativa? Pô. Peraí.

Pois acreditem: ajudei. Me lembrei de uma vizinha que eu en-
contrara há algum tempo por acaso, caminhando no nosso Vale, e que
por acaso no meio da conversa me informara que o marido era gas-
troenterologista, vocês sabem, na hora do sufoco o melhor refresco é
incomodar os outros. E como o acaso não existe, não hesitei um segundo: enfiei uma roupa e fui caminhando até a casa dela, onde deixei
meu bilhete alarmado, dolorosamente encravado na moldura da porta
de modo não lhe escapasse: *Socorro! Marido definhando de dor no outro
lado do mundo!*

Não demorou nada e logo estava estabelecida com a Márcia uma
amizade de infância, no Facebook inclusive — moramos tão longe uma
da outra que só mesmo no Facebook conseguimos nos encontrar com a
desejada frequência, sabem como é —, simpática, atenciosa, na mesma
faixa de idade (opa, desculpe, Márcia!) e ainda por cima cocapricornia-
na, embora eu não acredite em astrologia como vocês já sabem. Márcia
me tranquilizou no ato, passei o telefone do Alfredo ao Alan por telefone, ih, repeti, e marquei a consulta pra quando ele voltasse pra nossa
casa no paraíso.

Nervosa, do lado de fora do desembarque do Tom Jobim, ufa,
eu já esperava a cadeira de rodas saindo arrastada do portão 4, no mínimo um aspecto espectral naquele tom meio cinza de pele de doente,
mas... que nada, gente! Alan saiu como sempre cheio de energia, rosado
e sorridente, agora vem cá: dar uma folga pra ele? Nem morta. Nunqui-
nha. Tínhamos hora marcada com o Alfredo para a segunda seguinte e
pronto, lá sou mulher de ficar ouvindo calada que sou provocadora de
doença? Eu, hein...

No consultório, apesar de termos sido informados de que nossa
ascendência judaica desfavorece consideravelmente a saúde das tripas,
tudo correu como o esperado, bem... mais ou menos. Alfredo não se
mostrou preocupado, mas como a cronologia de Alan já vai meio avançada — nessa parte da consulta, ele, meu marido, um jovem sexual-
mente ativo de 67 anos de idade, ficou bastante injuriado, devo ressaltar
— certos exames se tornavam obrigatórios, ah, gente, pra quê. O bônus
do encontro foi a droga perfeita, aquela que você toma e os sintomas de-
saparecem no ato, levando o paciente a crer com certeza que está mila-

grosamente curado de uma hora para outra. A não ser que nunca tivesse estado doente de verdade, um estado de coisas com nome e definição na enciclopédia médica: ansiedade aguda, ou, para os íntimos da Wikipédia, hipocondria — do grego *hypo* (abaixo) e *chondros* (cartilagem do diafragma), em outras palavras, pra quem não sabe, "dor imaginária no baixo ventre" — entre muitas outras espalhadas pelo resto do corpo, claro.

E cá entre nós, com esse episódio peculiar descobri a cura infalível, não para os males do corpo ou da alma, mas para a mania de doença de qualquer marido. Basta solicitar uma boa endoscopia e outros tantos procedimentos invasivos, pois é, quem foi que disse que rir é o melhor remédio? O melhor remédio é a dor, isto é, uma ameaça verdadeira de dor, vocês me entendem. Segundo Alan, agora como nunca lépido e fogoso, já não tenho sobre ele o mesmo poder doloroso porque ele agora "está tomando o remédio correto pra se proteger de mim", ah, tá bom, fica combinado assim.

Difícil vai ser explicar ao Dr. Alfredo por que é que a gente nunca mais botou o pé no consultório dele, tudo bem, vamos ter que nos consultar no bar ali da pracinha mesmo, a cerveja gelada e os petiscos na mesa, sem açúcar, gordura ou sal, sabem como é, na nossa idade não convém abusar da boa vontade do doutor, o lá de cima e o daqui de baixo.

Enquanto isso, mando uma mensagem particular de agradecimento para a grande Márcia, tomara que Alan não controle o meu Facebook como faz com tudo o mais, embora de uns tempos pra cá ele jogue invariavelmente no Google *Translator* todas as minhas crônicas de domingo: "Só pra te ter como amiga, querida, já valeu a tal dor de barriga, Alan que não nos ouça, coitado!"

Não abusem do chope e bom domingo procês.

Sunday pigs and the Wonder Woman

Vocês me desculpem, mas vou começar rezando, isto é, confessando pra vocês meus mais recentes percalços operacionais, tem assunto pior para o dia de descanso universal?

Pois esta humilde escritora de domingo, que vos fala regularmente, exausta e metida a ter graça, aqui no PQAGEA, tem trabalhado de segunda a segunda (descontadas duas horas obrigatórias de recreio semanal dedicadas ao religioso exercício da crônica, ufa) numa média de, hum, digamos, umas dezoito horas diárias — mais as 3 ou 4 de insônia pensando nas tarefas do dia, o que terminou e o que se inicia — à frente dessa nau desgovernada que é o mercado de ebooks no Brasil, uma floresta virgem a ser deflorada cotidianamente, sabem como é. Haja ereção para "tanta" tesão profissional. Francamente.

Pois há coisa de umas duas semanas perpetramos (ui!) aqui na KBR uma nova ousadia editorial pra fazer história digital: publicamos na Kindle Store a primeira tradução própria para o inglês de um dos títulos de nosso catálogo, o *The Poetics of Episteme-Art*, pra quem não sabe uma tendência que veio pra ficar e pra acabar de virar de ponta-cabeça o já conturbado mercado literário internacional: já pensaram no dia em que as grandes editoras estrangeiras decidirem publicar suas próprias versões para o português? Lá se irão os leilões milionários de best-sellers globais e, com eles, a galinha dos ovos de ouro das nossas próprias editoras nacionais, hum, pensando bem, será que vão mesmo abrir mão desse fluxo desvairado e garantido de dinheiro? É lucro certo pra quem vende os direitos, claro, faturando em cima de um sucesso já mais do que testado e comprovado. E também pra quem compra, por conta das cartas marcadas na lista de mais vendidos, ponto para as edições traduzidas nem sempre à altura do texto original, pois é, eis aí onde mora o perigo: nas traições literárias.

No nosso caso, bastante agravado, já que, correndo por fora e bem à frente dos rumos vislumbrados, temos que nos virar com as nossas próprias para o inglês — e toca a caçar tradutor *native speaker* que entenda português e consiga ainda por cima escrever com estilo em ambas as línguas, um bicho mais raro que o celacanto e tão provocador de maremotos quanto, se é que vocês me entendem. Isso, pra nem mencionar o preço inflacionado desse mercado pós-babel conectado. Temos cortado um dobrado com os testes que recebemos de potenciais associados, como, por exemplo, um dos candidatos a traduzir o incensado *Domingo, o Jogo*, de Cassia Cassitas, a nossa "caixa" como carinhosamente a chamamos na intimidade — calma, gente: "nossa caixa" porque a querida Cassia é o nosso primeiro *case* de best-seller nacional, tendo constado com seu belo livro de todas as listas pelas últimas três semanas e engordado com isso o nosso esquálido porquinho, ops, cofrinho, e o dela também, claro. Uma dureza.

Já fui desistindo na primeiríssima frase do texto, que começa assim: "A literatura é uma amiga maravilhosa". E foi traduzido, brilhantemente, assim: "*Literature is a wonder friend*", ah, gente, pra quê. Fui com tudo pra cima do pobre candidato a detrator:

— Mas que p... é essa? Você tá achando que a literatura é a Mulher Maravilha?!

(Pra você, que como outros tantos por aí anda precisando "escovar o seu inglês" [de um mal traduzido "*brush up your Shakespeare*"], segue a solução da questão, nisso é que dá traduzir expressões ao pé da letra, vamos combinar. O certo seria: "*Literature is a wonderful friend*".)

Há outro caso ainda pior, referente ao querido *Joana a contragosto* de Marcelo Mirisola — um clássico contemporâneo brasileiro —, quando quiseram nos empurrar um "*golden shower*" onde o desejado seria "*pissed pussy*", no original "bucetinha mijada", é, gente, editor sofre. Para ser justa, a autora desse "chuveiro dourado" aí foi até bem competente no restante do texto, mas, infelizmente, fora de nosso alcance financeiro, um drama cotidiano a mais, sabem como é.

Desesperei-me a tal ponto que cheguei a pensar que a única saída seria apelar em primeira instância para um Tradutor Google gratuito mesmo — que Alan tem curtido tanto ultimamente, acreditando que entende finalmente os absurdos que escrevo sobre ele. Afinal de contas, dizem por aí que o tal software do Google tem melhorado bastante, e a gente daria obviamente uma boa guaribada, assinada por A. E. Sklar, o único tradutor genial do mundo que domina apenas a sua própria língua ferina; mas me descabelei mais ainda quando, na semana passada, depois de "ler" a minha crônica de domingo com alguns raros sorrisos aflorando ao rosto desnorteado de residente estrangeiro, Alan chegou-se pra mim com a cara mais inocente do mundo e perguntou:

— O que é "Sunday pigs"?

— Ahn?

Fui conferir, ah, gente. Pra quê. O pobre tinha jogado o texto no Google e o tradutor automático, coitado, meio enrolado com o meu sotaque mineiro e outras firulas linguísticas intraduzíveis, saiu-se com essa para o meu bordão domingueiro "bom domingo procês", procês, porcos, porquês, que diferença faz, não é mesmo?

E com esta, basta por hoje, sinceramente. Vou deixá-los em paz pra chafurdar o resto do dia no meu chiqueiro binacional, em busca de uma solução palatável para o meu grave problema de idioma operacional. Pra quem quiser se arriscar nessa incrível jornada, pioneira e perigosa como só os caminhos não desbravados conseguem ser, segue o email da desesperançada dublê de editora: editor@kindlebook.com.br. Favor só se apresentar se você realmente acredita que domina como ninguém o fluente idioma inglês em pelo menos 800 mil de seu propagado milhão de vocábulos registrados. Argh.

Have a nice Sunday, pigs.

24/04/2011

O CORDEIRO PASCAL

"Desta comemoração judia fazem parte a refeição, o *seder*, que inclui um cordeiro assado, pães ázimos, isto é, sem fermento — para lembrar a pressa com que abandonaram o Egito — e ervas amargas, como o rábano, símbolo do sofrimento do povo no deserto", leio esta manhã na internet, tudo bem, só trocaria o "judia" por "judaica", sabem como é, principalmente nesta semana da Paixão quando este termo "judia, judiar" soa meio perigoso historicamente, mas vamos lá.

Pra falar a verdade, esta não é a primeira e nem a última crônica que escrevo tendo Pessach, a páscoa judaica, como tema. Confiram por exemplo, a título de referência nogográfica (ui!), a que saiu publicada no *Luau Americano,* lançado em ebook e papel, isso mesmo, p-a-p-e-l, uma "novidade" em que a KBR também chegou na frente, o formato digital POD. No blog a lista é longa, mais ou menos um post para cada ano no ar, e explico por quê: a ceia de Pessach era um de meus feriados judaicos favoritos quando eu era criança, adolescente, sei lá mais o quê, até que a coisa começou a degringolar de vez com a morte de vovô, que rezava bonito e fazia questão de que tudo rolasse como mandava o figurino, do cardápio ao *afikoman* escondido, passando conforme a época pelo prato vazio para o judeu aprisionado na Rússia comunista, pelo cálice cheio de vinho para o Profeta Elias — que José Carlos, meu primo mais velho, personificava como um fantasma envolvido num amplo lençol branco para assustar as demais crianças da família —, enfim, a lista é longa também, quem quiser saber mais sobre essa tradição milenar que pesquise por sua conta no Google, uai. Virem-se.

No mais, é como diz minha amiga Rosane, autora de *O Rabino e o Psicanalista* (também lançado em papel na mesma bat-hora e no mesmo bat-local com mais outros 23 títulos da KBR, uai, que negócio é esse? numa próxima crônica explico, fica prometido): "rasga a meia"[2] para todos vocês, judeus ou não. Ufa.

O caso é que com o tempo decorrido, a doença de mamãe e outras tragédias existenciais que tive que encarar ao longo da vida (inclusive o fato de não ser mais nenhuma criança), a ceia de Pessach tornou-se para mim um dia assim, digamos, meio triste — pra não dizer coisa pior —, a tal ponto que meio inconsciente cheguei a esquecer na semana passada que a fatídica lua cheia já estava a caminho, sim, como todo feriado judaico que se preze, associado a festivais da natureza, a ceia de Pessach acontece sempre em noite de lua cheia — e o lobisomem judeu comedor de criancinhas com isso, hein? Ah. Melhor deixar pra lá. Quando me dei conta, pelo papo do Alan me rodeando pela casa, de que o dia da ceia se aproximava, já era meio tarde pra providenciar as compras, ainda por cima com Alan me explicando, pela primeira vez em nossos sete anos de relacionamento — sete, outra data fatídica —, que o tradicional nos Estados Unidos era que se cozinhasse um cordeiro na noite do *seder*, como explica o blog gentio citado lá em cima, e toca a procurar um cordeiro pra se comprar neste meio de mato mais pra sofisticado que é a vizinhança de Itaipava, ih, que esta história já está mais longa do que a novela do cabritinho caçado que é sempre recontada na noite de Pessach e que vovô repetia, sempre com a mesma maestria — sorte nossa que o cordeiro era uruguaio, porque se fosse paraguaio seria bode, não é mesmo? Ufa. Tô chegando à conclusão de que este assunto é tão amplo que seria melhor transformá-lo em conto, mas vamos em frente assim mesmo.

Cordeiro comprado e descongelado, botei-o a marinar de véspera numa deliciosa mistura de ervas colhidas na horta naquela mesma hora, coisa mais chique, nossa. Nossa horta, digo. Hortelã, cebolinha e alecrim fresquinhos, *sluurp*, foi me dando uma fome, uma agonia... Enfim, *to make a long story short* — como se diz em inglês e o Alan mais ainda, impaciente com os meus causos intermináveis de mineira, e põe

---

2 Do voto tradicional "Chag Sameach", que em hebraico significa literalmente "um feriado alegre" mas para o ouvido português soa mais ou menos como... rasga a meia.

interminável nisso, como vocês estão vendo agora —, comecei a cozinhar a ceia, tendo terminado mais cedo o expediente na segunda-feira com aquela velha depressão pairando sobre tudo, sabem como é, lágrimas nos olhos e tudo — faltando apenas um par de horas para a mesa posta e os fantasmas a postos (volta àquele parágrafo anterior do Profeta Elias, mais o fato de tantos parentes agora ausentes na festa de família).

Enquanto o cordeiro assava (e eu rezava pra que saísse dali algo comestível), estiquei na mesa a rara toalha branca, amassada de tanto viver guardada na gaveta, a matzá do ano passado — devidamente revitalizada por uma boa esquentada no forno, conforme sugestão do Alan — e outros trocentos detalhes que fazem parte do *seder* — que em hebraico significa "ordem": tão pensando que é fácil seguir a tradição judaica? Tomei uma ducha, botei um vestido preto (por charme, não por luto) *et voilà:* chegara a hora da ceia da verdade, de ver se o tal cordeiro pascal tinha mesmo dado certo.

Naquelas alturas, eu já tinha esquecido todo o meu repertório familiar, a comilança de diáspora e sua fome milenar, o *gefilte fish* de praxe, os bolinhos pesados afundados na sopa, o frango ensopado e o costumeiro fiasco de excesso de comida (ceia de Páscoa, para o bem ou para o mal dos comensais, sempre resultava numa boa dor de barriga, pois os tais pães ázimos, também citados no blog lá em cima, além de deliciosos são indigestos pra caramba). Com o cordeiro de Alan me vi transportada a uma época muito mais antiga, a uma perseguição milhares de anos anterior à sanha nazista: estávamos na verdadeira tradição semita, na saga nômade dos tempos de Moisés — como vocês podem conferir, caso se arrisquem a ler meu sexo-romance *Hierosgamos*, minha história com Alan faz tempo já se espelhava na ancestral simbologia mosaica e sua mágica serpente bíblica, de animar bem mais do que prosaicas implicâncias de faraó, se é que vocês me entendem —, a toalha estendida numa tenda enorme no meio do deserto de 40 anos que me lembrava em tudo a mágica tenda do "Harry Potter e as relíquias da morte" que eu tinha assistido no pay-per-view no fim de semana, minúscula por fora e imensa por dentro.

Viajei completamente na história e no tempo, deixando pra trás as dores do crescimento, dos amores perdidos e de tantos excessos cometidos, dando graças aos céus por fazer parte de uma tradição tão consistente e enriquecedora como a que os nossos ancestrais nos transmitiram, e que termina muitas vezes sendo omitida, obliterada e confundida com leis religiosas pouco adaptadas e compreendidas, ufa, uma passagem da escravidão à liberdade de expressão de fazer inveja a qualquer cronista enrustido, pois é. Tradição ancestral também tem seu dia de samba do judeu doido, e em todas as famílias tradicionais o *seder* de Pessach é esse dia, uma delícia.

E agora que todos sabem em que emaranhado de histórias Jesus Cristo vivia metido na velha Palestina, uma terra mais pra sacrificada do que prometida, já dá pra entender por que gafanhotos o cordeiro da paixão é nosso maior pecado redimido.

Uma boa Páscoa procês.

EU FUI AO CASAMENTO REAL
(*KISS ME KATE*)

*Seus casebres de barro e suas choças à beira da estrada foram postos
abaixo por aríete e o Times esfregou suas mãos de contentamento e disse aos
saxões engulidoresdesapo que dentro em breve os irlandeses seriam tão poucos
na Irlanda quanto os pelesvermelhas na América.*
James Joyce, *Ulysses*

"Esses ingleses são mesmo uns cretinos, uns assassinos, quantos eles mataram? Sabe quanto está custando, quem está pagando por essa festa idiota?", vocifera um Alan mal-humorado, a contragosto despertado quando o convidei mansamente a assistir o beijo de William e Kate na sacada real, regado ao chá da manhã em canecas promocionais, sabem como é, compradas com a antecedência devida pela internet para o nobre evento conjugal (brincadeirinha esse final, juro).

"Tudo o que eles têm é roubado, um império derrubado: os diamantes são da África do Sul, os rubis da Índia, o dinheiro arrancado das costas suadas dos pobres escravos remediados, de seu próprio trabalho mal pago, saudando os desgraçados que os oprimem há séculos, há toda uma discussão sobre isso rolando há anos e você simplesmente ignora, parados, pobres coitados, como personagens de Dickens em frente à breve janela de opulência", completou meu irritado marido, caramba, Joyce perde pra ele, não é mesmo?

James Joyce, vocês sabem — e quem não sabe pode ler aí em cima — pintava os ingleses com as piores tintas, e não eram somente os vizinhos irlandeses que eles gostavam de massacrar, vamos combinar. Israel, por exemplo, também pagou sua cota e vem pagando até hoje, a crueldade era a tradição real, cultivada, aplaudida de pé desde o veneno mortal (e literário) derramado no ouvido do pai de Hamlet, ufa.

Pois é. Eu já vinha me armando de injúrias e impropérios para criticar, ridicularizar, onde já se viu desperdiçar uma fortuna dessas num mundo infeliz como o nosso, tantos desabrigados e desempregados, e esta semana ainda por cima a vultosa onda de tornados varrendo os últimos resquícios do orgulho nacional americano, hoje desenganado, isso, claro, depois da ofensa cabal do grosseiro desprezo real: imaginem deixar de fora Barack Obama, o rei verdadeiro do mundo real, nosso dólar decaído no mercado mundial, nosso herói esnobado com um escarcéu federal — desta parte Alan bem que gostou, afinal de contas, meu querido marido não perde uma mínima oportunidade de criticar seu tão detestado presidente, faltam cinco minutos para o beijo, pontualmente britânico e de acordo com o protocolo, atenção... Peguei! Captei! Eternizei!

Mas, francamente. Acordei mais cedo na sexta por puro acidente, e quando acessei o computador pra conferir os primeiros emails, com uma passada rápida pela página dos jornais do dia, dei de cara na *Globo News* com a transmissão gratuita, ao vivo e a cores, da cerimônia na Abadia de Westminster, e gente, vou ter que confessar, tudo estava tão bonito, de bom gosto e bem organizado que até tirei o chapéu que eu nem tinha, os chapéus, aliás, um espetáculo à parte, completando a palheta de trajes de gala — em cores suaves e cortes tão simples como só a realeza pode adotar, digno de um Oscar de melhor figurino, sério, com a desonrosa exceção, é claro, de Victoria Beckam, caricata como sempre, a um minúsculo passo de despencar de seu altíssimo Louboutin, e grávida ainda por cima, já pensaram que perigo?

Eu sei. Sei que nada disso é realmente digno de se comentar, afinal de contas, somos pessoas sérias, compenetradas, solidárias, diariamente engajadas na rude tarefa de lamentar, online e com as palavras mais corretas que se possa descolar, a perene desgraça que nos aflige sem parar em algum lugar desta aldeia cada vez mais global, próxima dos olhos e longe do coração sangrento — sangrando, digo.

O casamento, no entanto, é via de regra um espetáculo emocionante mesmo, as eternas noivas rejeitadas que me perdoem: amar é não somente bom, mas também a garantia de que em um breve dia não correremos o risco da extinção como espécie, por falta de orgasmo é que não, pelo menos isso, é ou não é? Embora seja cada vez mais *hype* renegar em público a dependência afetiva de um parceiro, tudo bem, pelo menos assistir a um belo casamento é bem melhor do que acompanhar ao vivo um grande espetáculo de rock em formato de enterro solene, ou seria o contrário? Ah. Melhor deixar pra lá.

O que sei é que não somente me emocionei — afinal de contas, a nova geração dos Windsor é bem mais simpática do que as precedentes, atributo bem pouco comum em se tratando de famílias reais, da realeza, de simpatia, digo —, como até me concedi o direito de gozar o momento de verdade: um acontecimento de categoria internacional, da qualidade dos violinos à mansidão amorosa dos pregadores, passando pelas vozes angelicais dos meninos do coro, a simplicidade elegante da noiva, a seriedade do noivo e a dicção perfeita do discurso amoroso. A perfeição era tanta que, se não fosse exagero de minha parte, daria até para acreditar que por trás da fita estava Deus Ele-Mesmo, nosso eterno pai criativo nas alturas de Hollywood como qualquer diretor de cinema que se preze.

Palmas pra ele que ele merece, pena que o filme terminou, a realidade se implantou e a real realeza gaguejou, hesitou e contra a mal disfarçada vontade de todos nós, cidadãos do mundo se aposentaram e sumiram. Virou show para inglês produzir e a gente assistir de onde estiver, vestida como quiser e na hora que bem nos aprouver, deus abençoe os nubentes, felizes para sempre na eternidade do YouTube, e para sempre os proteja da traição, do divórcio, da maldição da celebridade e do acidente fatal, amém.

Um momento lindo, realmente, curti, já foi. E um bom domingo procês.

Queijinho de mãe

Palavras não eram necessárias, as duas se entenderam somente com o olhar. Mafalda foi saindo devagar. De passagem, tocou de leve o rosto da menina. O dia estava radiante lá fora.

Priscila Ferraz, *em Nuvem de Pó*

Pronto. Nem bem comecei a escrever e já estou aos prantos, mas, peraí, eu não disse que era pra fazer rir? Ok. Respiro. Dou mais um tempo antes de seguir escrevendo.

O caso é que essa coisa de relação mãe-e-filha pega a gente pelo pé, ou pela mão, e procurando no recém editado texto da Priscila a epígrafe para a crônica deste domingo — tem presente melhor para o Dia da Mães do que um livro sensível sobre a eterna cumplicidade, amorosa ou nem tanto, entre uma mãe e seus filhos? — dei de cara com esse aí e fui logo desviando o foco para a minha própria mãezinha querida. Eu teria dito doce mãezinha, mas a minha de doce não tinha nada, devo confessar... já a tal cumplicidade sem palavras era tão grande, e grave a tal ponto, que além de ter que dividir com ela o dia do meu — nosso — aniversário, sempre acreditei piamente que ela era capaz não só de ler os meus pensamentos, mas, pior, mais grave, de interferir neles, juro.

Pois é. Mamãe. Todo mundo tem uma, e é nossa primeira palavra dita, mãe só muda de endereço, etc., etc.; e algumas, vamos combinar, são bem mais judias do que outras, aí medida a qualidade e quantidade de interferência sempre amorosa em nossas vidas, e a quantidade de comida servida, claro. E é por isso que eu digo que "dia das mães" é uma coisa que não faz o menor sentido, a não ser para os donos de restaurante: dia de mãe é todo dia, desde o primeiro até o último de nossos dias, da vida dela e da nossa, digo. A minha, pelo menos, não me sai da cabeça, principalmente por estar num momento assim, digamos, meio morta em vida: uma tristeza infindável esse alzheimer que nunca termina, um tormento, mais uma lágrima ou duas e agora chega.

Vamos falar das amigas do peito.

E mãe é exatamente esse tipo de amiga, embora, minhas queridas, do alto da enorme metade que me falta de experiência — pois eu mesma nunca tive filhos —, acho que mãe-amiga, tudo bem, mas com armários separados, por favor, não é mesmo? Além do dia do aniversário, depois de adultas mamãe e eu compartilhamos o número do sapato, dos vestidos e dos casacos, o gosto por filmes e livros e as constantes idas ao teatro, embora no nosso tempo não fosse nada usual dividir as noitadas ou o namorado, o divórcio ainda nem existia, imaginem! Levava-se muito a sério a ideia de o casamento ser "para sempre", e mamãe foi sempre muito séria. Viúva jovem, optou por ser viúva pelo resto da vida, se dedicando apenas a criticar os meus, namorados, digo: nenhum era bom o suficiente para a chata daquela filha, sabem como é, mas tudo por amor, mais uma lágrima ou duas e agora chega. Juro.

Por outro lado, não há nada mais triste do que uma mãe perder uma filha, e é em torno disso, dessa dor de amor que não passa nunca nem nunca se cura, que gira todo o complexo edifício literário de *Nuvem de Pó*, o belo livro de Priscila que muito de propósito está sendo lançado pela KBR nas telas digitais neste fim de semana e que de triste não tem nada, vamos combinar: existe uma categoria de perda amorosa que a gente transforma em estilo de vida, fica lá no fundinho da mente, operando na encolha como um radar perpétuo que nos orienta as escolhas, sombreando os momentos felizes sem evitar na verdade que eles ocorram e até virem regra no futuro. A gente fica assim, e pronto, se acostuma e segue em frente na vida como se normal fosse, mas não era de presente que a gente estava falando?

Pois dar um presente pra mãe no "dia dela", com toda a facilidade que a gente tem hoje em dia, vira cada vez mais uma inescapável porém prazerosa obrigação comercial. Nada mais justifica a ausência de um filho no mundo da comunicação: de onde estiver, você não somente liga, como compra e entrega o presente pela internet, direta e instantaneamente da livraria para o iPad da mãe moderna e adepta de tecnologia — como o ebook da Priscila, por exemplo, compre agorinha mesmo que a mamãe recebe nesse instantinho mesmo, tem coisa mais instantânea do que isso? Pois é. Não tem mais desculpa esfarrapada como antigamente.

E por falar em tecnologia, junto a uma moral que vai se tornando cada vez mais displicente, estão até dando um jeito gostoso — ou horroroso, dependendo do ponto de vista — de compensar uma mãe ausente, de a gente ter a mãe sempre presente, imaginem, como se amor de mãe pudesse ser industrializado e posto à venda nas gôndolas do supermercado: numa certa galeria de arte em Nova York está sendo oferecida uma degustação de "queijo de gente" — mas tudo com o nobre objetivo de discutir as duvidosas facilidades biotecnológicas vigentes, viu, gente? —, para alguns paladares mais sofisticados, qualificado como "cremoso, simplesmente celestial", argh, será esta crônica para rir, chorar ou vomitar?

Já dá até para imaginar o próximo passo na saga amorosa da dedicada e eternamente preocupada mãe judia: além de reinar sobre nós vigiando constantemente até da abrangente abóbada celeste — como naquela cena inesquecível do filme de Woody Allen cujo nome não lembro —, vai tratar de congelar seu leite e coagulá-lo em queijinhos nutritivos para o lanche dos filhinhos, tem até gente interessada em entrar pesado nesse ramo de negócio, li no Facebook no outro dia, juro.

Só me resta esperar que neste domingo feliz eu seja lembrada com carinho pelos meus 50 e poucos filhos espalhados pelo mundo, os dois de Alan *who call me Mom* mais os mais de 50 autores da KBR —com os quais compartilho uma ativa família dentro do Facebook, onde cuido dos interesses deles como a melhor das mães judias faria, podem conferir: com muita dedicação, uma constante atenção e uma não solicitada porém eficaz interferência em suas ações, nas profissionais, pelo menos. Pra quem nunca foi capaz de gerar um único descendente de fato, até que tenho me virado bastante bem, não é mesmo?

Muita paciência na fila do almoço... e um domingo bem gostoso procês.

O marketing do oprimido
ou... Os Funerais de bin Laden

"Não entendo como de repente o famigerado Bin Laden ganhou tantos admiradores pelo mundo não árabe, há pessoas postando defesas que não consigo entender...", postou uma amiga no meu Facebook em resposta ao link do *Globo* onde um daqueles mais belos do clã Bin Laden — francamente, ô gente bonita, sô, o falecido patriarca incluído: que olhos, que pele, que cabelos, verdade seja dita, mais uma prova cabal de que beleza nunca põe mesa — se lamentava pela humilhação injusta a que sua família vem sendo submetida, mas... ops, peraí.

O que posso dizer, confessar, e até depois me arrepender de ter confessado, mas dane-se, é que o fato de Bin Laden ter sido assassinado despertou o pior de mim, ui: tô com uma raiva danada, um ódio que me é totalmente inusitado, e no que dependesse de mim o que eu queria mesmo é que não só Osama tivesse sido assassinado, mas que a família inteira fosse dizimada, não apenas jogada no mar para evitar romarias e apupos públicos posteriores como foi o terrorista pelos Estados Unidos — sou contra, já vou logo dizendo —, mas esquartejada, salgada e pendurada nos postes de alguma praça pública universal para ser mastigada pelos abutres, antes de ser finalmente atirada para alimentar uns poucos infelizes ratos de laboratório que com certeza morreriam de indigestão tóxica em poucos segundos, coitadinhos dos ratos. Ufa. Melhor: abriria, vou abrir, juro, uma página no Facebook com o título: "EU ODEIO A FAMÍLIA BIN LADEN", tá de bom tamanho procês?

Os dias passam, o tempo passa e meu ódio não diminui, não sei o que se passa comigo. E torna-se extensivo, desculpem, a todos esses pretensiosos politicamente ativos, ou corretos, ou sei lá o quê, desde quando é correto defender um facínora desses? Peraí. Ter "pena" de Bin Laden equivaleria a ter pena de Hitler, de Stalin, de Mao, nem vou me estender, tiranos de uma maldade que a gente custa a entender, do tipo que transformam Nero, Átila e aquela turma antiga toda num primor de inocência e delicadeza, afinal de contas, os tempos eram outros, e a vida humana naquele tempo era mesmo da conta dos outros, dos tiranos sanguinários, pelo menos, tudo em nome de uma glória guerreira que fez história pra gente decorar as datas na escola — ih, decorar datas, coisa tão antiga em tempos de Google quanto deveriam ser a tirania, a violência, e, por que não dizer, essa mania de defender o indefensável só porque se trata de alguma minoria "desprotegida". Ainda bem.

Meu ódio não só não diminui, como se amplia, se estende até os ingleses pós-guerra de maldita memória, e já que estou lavando a alma vou logo despejar tudo nessa semana que comemora exatamente um evento que trago atravessado no gogó desde que nasci (bem no meio do rolo rolando, como mais tarde se tornou rotina na minha vida: nasci em Israel, vocês sabem, poucos anos depois do ocorrido): a "forjação" do problema palestino, matem-me se quiserem, em 14 de maio de 1948, quando os súditos de sua majestade a Rainha — ops, desculpem, era um rei naquela época, e ainda por cima um rei gago — houveram por bem dividir um território que já era exíguo, mas naquele momento de uma convivência possível, entre um povo dizimado — que se tornaria "opressor" — e um povo remediado — que se tornaria "oprimido" —, pois é, como se gente fosse um peão de xadrez que se move daqui para acolá numa "estratégia" de sobrevivência política. Deu no que deu: a coisa era tão explosiva que explodiu no dia seguinte mesmo, 15 de maio (63 anos gregorianos neste domingo), já os molotoves sendo atirados pra cá e pra lá, se brincar, no dia 14 à noite mesmo — era a "guerra de independência", mas, independência de quem?

Naquela época remota, vamos combinar, ninguém se atreveria a reclamar dos minguados hectares a duras penas concedidos aos poucos infelizes escapados da sanha gasista de Adolfo Hitler, assim como hoje ninguém se furta a qualificar os descendentes daquelas mesmas vítimas como assassinos dos descendentes dos poucos palestinos com quem originalmente compartilharam o beliche. Porque aí, me deixem explicar, tudo se tornou uma questão de quem procriava mais do que quem, entendem? De quem criou uma "estratégia" mais bem-sucedida no marketing do oprimido — quem tinha mais claque, ou era mais craque na manipulação da opinião pública, coisa para a qual os sobreviventes do holocausto não tinham o menor saco, até dá pra entender. O mundo gira (verbo). As coisas mudam, e a humanidade cada vez mais gira (adjetivo).

Bom. Me acalmei. Relaxei. Nada como escrever crônica pra curar nossas neuroses mais prementes, mas vocês poderiam muito bem perguntar: "E nós com isso?" Trata-se o PQAGEA, afinal de contas, de um portal para conversar sobre a nossa gente, os nossos hábitos, as comezinhas questões de quem é gente como a gente, quer dizer, brasileiros da paz e do pé-quente, sabem como é.

Pois o caso é que em tempos como o nosso, em que todo mundo é fundamentalmente conectado como eu e você — afinal de contas, se você não estivesse conectado, dificilmente estaria me lendo, a não ser, é claro, que eu vença um tiquinho na missão impossível de catar no PQAGEA alguns gatos pingados que se decidam a comprar e ler meus livros —, todo mundo não só se sente, finalmente, um verdadeiro cidadão do mundo como o velho Marshall queria — querendo dizer que todas as questões de todo mundo se tornam verdadeiramente globais, ou, extrapolando numa falta de humildade completamente humana, quem sabe universais, não tem mais essa de "só me interesso pelo que se passa no meu próprio umbigo" —, como todos se sentem no direito, e informados o suficiente, pra meter o bedelho em qualquer assunto complexo de qualquer lugar do mundo, com uma pretensão de saber tudo de fazer corar qualquer formador de opinião mais consciente de antigamente, mas o que é que estou dizendo: todo mundo, hoje em dia, é formador de opinião, gente!

Muito fácil, se a gente levar em conta que nenhum de nós teme passar da conta, enquanto decidimos o destino definitivo de coisas tão graves e sérias e violentas e contraditórias e complexas e muitas vezes míticas que até parece que na verdade nem existem, não passam de passatempo dos intricados roteiristas desse filme incrível que é nossa vida 24 horas ao vivo. Ponham-se no lugar de um Baraca engasgado desses pra ver o que é bom pra tosse, francamente. Sorte a nossa que o homem nunca fraqueja em público, sabem como é, mata a mosca e limpa a palma, ou melhor: mata a cobra e esconde o pau, e foi aí que ele nos negou o fúnebre ritual, tudo pra gente compartilhar na internet, ah é, pois é, acabei de entender.

Procê aí que é de paz e sossego, desejo um bom domingo daqui do meu Vale do Sossego, onde a maldade deste mundo tem por enquanto passado ao largo, vai que o sossego assim mantido é a verdadeira onda do futuro? Tomara, Deus, que Ele é Brasileiro como todos nós, graças.

É HOJE SÓ

"Curta as pequenas coisas da vida, porque um dia você vai olhar para trás e perceber que eram coisas grandes", escreve em seu Facebook uma garota desesperançada que, leio no *NY Times*, como milhões de outros terráqueos tementes à Bíblia e a Deus esperava para ontem, é isso mesmo, sábado, 21 de maio, o tantas vezes anunciado e jamais efetivado começo do fim dos tempos, nossa, e eu que não sabia de nada disso, hein? Imaginem.

Ainda bem que nada aconteceu, isto é, espero em deus que nada tenha acontecido, pois chegou a hora de confessar a vocês que, na encolha, os tenho enganado o tempo inteiro, desculpem, com essa premissa tola de que na internet tudo chega em tempo real, etc., etc. — porque na verdade as famosas crônicas de domingo de Noga Sklar são escritas nas sextas-feiras, pra dar tempo de editar, revisar, coisas chatas do tipo, males necessários para garantir a qualidade do texto que, por mais que a indústria livreira evolua e se agilize com seus PODs e não PODs, continua dependente de um tempo razoável de maturação, fazer o quê. Mas às vésperas do fim do mundo, taí, nada disso faz mais o menor sentido.

A questão é que, embora para algumas pessoas o problema constante do fim do mundo se resuma a miudezas — tipo, vou abandonar o emprego, não vou mais fazer a cama, vou beijar a boca de quem não devia (como dizia a música de um tempo inacreditável em que beijar na boca ainda era um acontecimento na vida) e dizer adeus pra quem não me merecia —, no meu caso a coisa vai um pouco mais além: tenho trabalhado insanamente para um evento que deve acontecer daqui a uma semana, na próxima sexta-feira para ser exata: a Farra do POD. Isso, claro, se o mundo não tiver se acabado até lá.

Pois o caso é que eu ia lhes contar que entendia perfeitamente o problema que o Congresso Brasileiro acaba de enfrentar: parou por excesso de trabalho (por fazer) e mandou todo mundo se comer, tô quase chegando lá, mas aí, abri o jornal esta manhã —online, claro — e pensei comigo: *vai que os caras no poder já sabiam faz tempo o que estava para acontecer e que para nós, meros mortais, era segredo de estado até agora, né...* Perdoai-os, senhor etc. etc.

Alan e eu, pelo menos, acabamos de descobrir, e enquanto me preocupo com a cena política brasileira — que já me dispunha venenosamente a destruir —, escuto Alan se acabando de rir por trás da porta fechada do escritório, mas, gente, o que foi que aconteceu dessa vez? Fui lá conferir:

— Ha, ha, ha! O mundo vai se acabar amanhã, acabei de escutar no rádio online!!

— Pois é, eu também, acabei de ler na home do *NY Times*! Pode? Já estou escrevendo sobre isso!

Eis aí, caros amigos, como de um instante pro outro as pequenas coisas podem virar grandes, é o que queríamos demonstrar. Pra escrever esta crônica — a última que escrevo e que ninguém mais vai ler, a não ser, claro, que eu excepcionalmente a publique amanhã de manhã, sábado 21, como um alerta derradeiro, pronto, acabou, entreguei o jogo e parei de fingir de vez, fingir pra quê?

Aliás, escrever pra quê, mesmo? Vou largar tudo pra lá e, com a licença de vocês, sair para beber, conversar, bundear, namorar muito... para esquecer como andei esquecida dessas coisas boas da vida, não que eu não goste de trabalhar, imaginem. Mas, assim como os nossos espertos congressistas, acabo de descobrir — à beira de uma overdose de atividade — que há um limite pra tudo! O limite do limite é que varia de caso pra caso, se é que vocês me entendem.

Já por outro lado, e numa total inversão de expectativas à velha luz do túnel do fim do mundo, sabem como é, o que parecia tão grande, como, por exemplo, o patrimônio crescente de Antonio Palocci, vira assim, ó, um tiquinho insignificante: ele que enfie sua fortuna duvidosa onde bem lhe aprouver, tanto dinheiro pra quê, se o mundo vai se escafeder?

Pois riam, palhaços. Quem riu por último de verdade foi aquele cretino poderoso, aquele comediante asqueroso que, num último ato de humor insano, destruiu, com um espirro breve, bem mais do que a cara carreira em branco que tinha à sua frente, tudo aquilo que há tantos bilhões de anos vinha cuidadosamente aperfeiçoando para tantos seres ingratos que não o merecem absolutamente, azar o dele, quem mandou pesar a mão desse jeito na hora sagrada do sexto dia na semana da criação?

Deu no que deu e tchau. Mas, hum, vai que esse senhor seu Deus aí esteja apenas cansado, esgotado, e que depois deste sábado de descanso sagrado reflita melhor sobre o assunto e desista de vez desse projeto suicida maluco de acabar com tudo *over and over again*, francamente, ele mesmo incluído. Só nos resta torcer, ainda dá tempo, vai.

E, pelo sim, pelo não, achei melhor me garantir e acabei de me decidir: como a crônica já está pronta mesmo, solto amanhã e pronto, dou um fim radical nesse suspense insuportável, fala sério. Afinal de contas, será este meu último ato nesta vida ingrata de cronista, e, cá entre nós, se eu me atrasar demais da conta vocês não iam querer perder comigo o *seu* último ato, eu entendo, por outro lado... Fiquem tranquilos! O show só termina quando a dama gorda canta, vamos combinar, e isso só deve acontecer no "American Idol" da próxima quarta-feira... ao vivo, mesmo no Brasil, até Deus vai querer assistir, não é mesmo?

Bom fim do mundo procês, e aproveitem a chance que estou lhes dando, entregando antes do tempo este jogo definitivo, generosamente lhes permitindo curtir seus últimos momentos de gozo sobre a vida na terra, ufa, mas...

Bum.

Amor ao 69

Will you still need me, will you still feed me, when I'm sixty-four?
Lennon & McCartney

Uma das coisas boas de não ler mais o jornal impresso é que não me deixo mais influenciar pelos queridos colunistas de *O Globo* como antigamente, mas... uma das coisas ruins de eu ter voltado a ler *O Globo* em papel por dever de ofício — pelo menos aos sábados, sabem como é, para conferir o estrondoso sucesso da minha editora que não sai da lista de mais vendidos — é que, voltando a ler os meus colunistas mais queridos, não consigo escapar da insidiosa influência deles sobre o que quero colocar, tamanho o poder da palavra impressa sobre tudo o que se pensa ou se tenta escrever, mas chega de blablablá.

O que eu quero contar é que fiquei pasmada ao conferir as diversas versões publicadas sobre o caso rumoroso do poderoso Dominique Strauss-Khan, ufa — DSK para os íntimos, como não custei a descobrir — pego em Manhattan com as calças na mão, como se ainda espantasse ver comprovado em público o indiscutível e ancestral poder do sexo sobre o cérebro e as peças que ele prega em quem pensa com a cabeça do pênis em lugar daquela plantada sobre o pescoço, se é que vocês me entendem: uma ocorrência até bem banal, a não ser que se trate de alguém que num caso desses se fode federal, se comparado a um cara normal, será que fode pode?

Não entendi muito bem porque tanta gente boa insiste em defender a honra do dito cujo, enredado nas malhas de alguma improvável teoria de conspiração, de Strauss-Khan, digo, já que não faço a menor ideia de como ele chama o dito cujo dele, uma mania masculina que nunca entendi muito bem, fala sério. Eu, por mim, não tenho dúvida alguma de que ele realmente se infiltrou na intimidade do andar de baixo, me desculpem o preconceito, embora obviamente não veja nisso a menor lógica, considerado o tamanho do prejuízo possível — uma atitude inesperada pra quem vive (vivia) de prever futuros prejuízos alheios. Francamente. Se alguma dúvida persiste é quanto à demanda honrosa da dama invadida, todo mundo sabe que em casos de estupro presumido toda mulher é conivente até prova em contrário, mas nada disso está realmente me interessando, vamos combinar. Eles que são interesseiros que se entendam, e não tenho nada a ver com isso.

Agora, o que me chocou realmente, preciso confessar, foi a declaração contundente de Zuenir Ventura, ele mesmo um senhor provecto e honrado, com muitas décadas de praia nas costas, e que em sua coluna sobre o tema cometeu, a meu ver, dois ou três lapsos imperdoáveis de desinformação crônica: o primeiro, por desconhecer, segundo Alan me lembra, que "Law & Order" foi descontinuado nos Estados Unidos para desconsolo dos fãs, e, portanto, Mariska Hargitay jamais poderá investigar na ficção o crime hodierno, ops, hediondo, do venerando Strauss-Khan; e o segundo, bem mais grave, por afirmar que "como o acusado tem 62 anos e essas proezas não duraram mais de uma hora, a questão é se não estamos diante de um raro fenômeno de desempenho sexual", mas o que foi isso, caro Zuenir? Um ato falho ou uma explícita confissão de falha? Ou quem sabe, por outro lado, Mestre Zu queria na verdade dizer "menos de uma hora"? Aí, sim, seria de espantar, pela proeminência da demora.

Porque, cá entre nós que vivemos um vigor sexual normal depois dos 60, e não somos poucos — embora, obviamente, nossos clamores de gozo terminem em ouvidos moucos: quem quer ouvir falar de um avô que ainda pode com a avó e com muito gosto? —, não vejo problema nenhum em um homem saudável de 62 anos ser capaz de pôr seu pênis nas duas bocas alternadamente e mais de uma vez, consensualmente, é claro, o que há de tão raro nisso? Peraí. Raro mesmo é alguém se arriscar a falar disso em público — com toda a alegada transparência em nossas vidas pessoais, agravada pelas redes sociais, ainda nos mantemos hipócritas, como sempre, quando o assunto é a prática sexual, aquela, normal, de todos os dias no cotidiano conjugal, sem os arroubos impossíveis nem as perversidades incomunicáveis das séries de tevê.

Ou então, não sei, sou muito sortuda e nem sei, e olhem que não tem nenhum Viagra envolvido, apenas o mesmo impulso amoroso de sempre, como aquele, dizem, que Anne Sinclair dedica ao seu venturoso marido. A verdadeira questão é quando o vigor se divorcia do amor ou vice-versa, deus nos livre de ambas as situações controversas, embora a segunda seja bem menos grave do que a primeira — que leva frequentemente a humilhações de pelo menos uma das partes, e a abusos de poder por parte da parte restante, seja de que sexo for.

Fico aqui pensando com que cara o eterno Paul McCartney — já agora, fiquei sabendo, apresentando uma namorada nova (nossa, como sobrevivi até hoje sem saber de nada disso?) —, com vários abusos legalmente contestados por sua detestada ex — de quem o ex-Beatle se divorciou quando tinha por volta de, hum, 64 anos de idade —, enfrentaria hoje em dia um Engenhão lotado de saudosistas aos acordes românticos de "When I'm sixty-four", pois é, as coisas mudam, até mesmo na Ilha de Wight. E olhem que, aparentemente, nem os cabelos Sir Paul perdeu quando a velhice finalmente o alcançou... Bom pra ele.

Aqui em casa, graças a deus, embora eu não passe os meus dias exatamente tricotando em frente à lareira, como todo mundo sabe, a única coisa que anda nos fazendo falta são alguns netinhos especialistas em computador perturbando o avô, hoje também um editor cuja vida não se limita a trocar uns dois ou três fusíveis queimados por mês, meu deus, será que hoje em dia alguém se conforma com isso?

Não sei. O que sei é que a maturidade mudou, e pra quem duvida disso, posso contar o caso verídico de Maria Anna Machado, uma escritora estreante — e já bisavó, imaginem — que na semana passada, em seu 80º aniversário, apresentou à família o seu primeiro romance publicado em ebook e ainda tem planos pra mais uns dois ou três, bota maturidade nisso.

E um bom domingo procês.

A VERDADE É A ARMA DOS COMPETENTES

Embora por puro excesso de trabalho eu esteja bem por fora dos acontecimentos globais, me restringindo hoje em dia à alienada avalanche de novidades tecnológicas que já me sufoca o suficiente no meu mundinho particular — com a honrosa exceção, é claro, das hecatombes cotidianas com que Alan me desperta a cada manhã, prevendo um fim de mundo para cada novo amanhã... para Israel, pelo menos, a nova data é justamente hoje, domingo, 44º aniversário da Guerra dos Seis Dias, quando bilhões de palestinos tentarão invadir as fronteiras do país provocando sua própria morte pelo exército local para mobilizar a seu favor a opinião pública mundial, ufa! —, não posso deixar de ressaltar a vergonha nacional que é esse Antonio Palloci aí, ops, Palocci, que parágrafo extenso é esse, hein? Mal consegui respirar! Mais longo, só mesmo o último capítulo sempre adiado dessa novela mexicana de quinta — tentando salvar a honra de quem já provou por amaisbê, e bem mais de uma vez, que não tem honra alguma para salvar, não importa quantos ensaios tiver para se preparar. O que me lembra mais uma das maldiçõezinhas cotidianas de Alan, meu *personal Tzadik*, que acaba de lançar seu próprio livro de maldições, ops, aforismos, para a alegria de seus (futuros) seguidores brasileiros: "Loucura é repetir a mesma coisa um dia atrás do outro esperando obter um resultado diferente."

O que, devo confessar, eu mesma pratico diariamente, com a surda e dolorosa insistência de um murro sangrento em ponta de faca, sabem como é: errar é humano, insistir no erro é "Lulice", como grita a voz do povo na internet — a parte dele pelo menos que não é petista doente. Caramba. Que papel!

**

E por falar em papel, pois é, tá justamente no danado do papel a fonte demente que anda me enlouquecendo diariamente, e põe loucura nisso. Francamente.

Ia eu muito bem com a minha editora de ebooks e a venda dos livros crescendo exponencialmente — pois é, chegamos recentemente à extraordinária marca de mil livros vendidos de um só título, o *Domingo da nossa Cassia*, vocês se lembram, em terra de analfabetos digitais quem tem *know-how* é rei, se é que vocês me entendem — quando decidi me aventurar no papel e dar vazão àquele dilema de sempre, que dá sentido à vida de qualquer autor, e os meus não são diferentes: a vaidade de exibir na mão o seu livrinho publicado.

Explico: embora o ebook seja muito mais prático, rápido, limpo, barato, moderno e amigo da natureza, o toque suave do livro adorado nas mãos de seu autor ou leitor ainda não encontrou um substituto digital à altura, como tem acontecido até com o beijo, beijo digital, é isso mesmo. Argh. Pra quê. Pra que fui criar aquela louca fantasia de 25 livros como se fossem assim, digamos, 25 brioches na padaria?

Só não atentei para o fato de que, enquanto no meio digital eu domino o processo inteirinho — da edição à distribuição para todas as lojas que existem, a americana Amazon incluída —, do meu notebook chinfrinzinho enfiado no meio do mato, e sem depender de mais ninguém — o ebook publicado é, digamos, como um eterno ovo conservado na geladeira, sempre ali pronto pra ser cozido e comido —, no caso do livro impresso, com toda a evolução que as impressoras vêm experimentando, continuamos precisando de leite, farinha, açúcar e fermento, ah, o fermento: do mesmo jeito que a gente nunca sabe se o fermento fará o pão crescer ou não, a gente nunca sabe até que fique pronto se o livro impresso vai sair perfeito ou não, e é aí que mora o verdadeiro problema (agradeço à querida Ethel pela metáfora da broa).

Enfim, pra encurtar a história — que ninguém mais aguenta esse papo interminável de mineiro que não perde trem, mas tenta vender o seu bonde como ninguém —, o lançamento simultâneo dos nossos 25 livros não teve mas nem meio mas: foi um êxito retumbante, de ultra-passar o estouro dos elefantes. Sobrevivi, ou melhor, venho tentando sobreviver, e como a adrenalina do sucesso vicia bem mais do que qualquer outra droga conhecida, já marquei para agosto o próximo passo da minha trajetória suicida, dia 5, na Cultura do Conjunto Nacional, não percam. Vamos parar o trânsito paulista, isto é, na Paulista. Prometo. É o nosso papel!

***

Agora. O que não contei para ninguém, mas para ninguém mesmo, e conto pra vocês aqui e agora em primeiríssima mão antes que outros o façam, é que na véspera do meu grande evento no Rio, quando eu tentava adormecer convencendo a mim mesma de que tudo daria certo no dia seguinte com certeza, e que todos os livros impressos da nossa KindleBookBr[3] estariam uma beleza, recebi às onze da noite daquela fatídica quinta-feira um email da Amazon, que, como todos sabem e a Veja publicou, vem se preparando a toque de caixa para aportar no Brasil, embora ninguém por lá queira informar uma data ou estratégia de mercado para isso acontecer. Com cópia para a livraria — só pra nos intimidar —, estabelecia em novo território a sua correta política de posse de marketing, ops, de marca, onde sou Davi e eles Golias: já pensaram esta formiga aqui causando fricção no gigante (muito) mais (d)esperto do universo digital? Pois é. Finalmente aconteceu.

Apesar da amável tolerância dispensada até hoje pelo império de Mr. Bezos à nossa *chutzpah*[4] empresarial — sendo o "kindle" deles o nosso nome do meio, quer dizer, da frente, sabem como é — chegou a hora de o patrão reivindicar seus legítimos direitos, quem lhos há de negar, e os caras vêm mesmo para arrasar, os que atendem por "kindle" em qualquer posição que se preparem: querem possuir até mesmo a letra "K", e cedemos tudo de muito bom grado, nem nos arriscamos a reclamar, tudo pra eles gostarem da gente, não é mesmo? Afinal de contas, só

---

3 Nota da editora: na época da Farra do POD, em março de 2011, na Livraria da Travessa do Shopping Leblon, nossa editora ainda se chamava KindleBookBr, numa homenagem muda, embora surda à Lei dos Direitos Autorais, à nossa adorada patrona Amazon.com.

4 Termo em hebraico, tão popular nos Estados Unidos que até entrou para o dicionário, dá pra entender por que, e que significa, como já explicou muito bem Arthur Dapieve no prefácio de meu livro Santa Molly!, "um misto de audácia, insolência, abuso e coragem".

queremos colaborar...

Por essas e outras, acabamos de nos rebatizar — oficialmente, cla-ro — com aquele apelido que a gente faz tempo já costumava usar, afinal de contas K-I-N-D-L-E-B-O-O-K-B-R é uma lenha para soletrar, Noga Lubicz Sklar que o diga: KBR, anotem aí, agora também... no papel! A qualidade continua a mesma, mas o nome... fez uma diferença. Seja nosso fã você também, querido leitor: KBR está não só no Kindle, mas em qualquer outro leitor, e até mesmo no seu computador.

E bom domingo procês.

12/06/2011

HAPPY TOGETHER
[FELIZES JUNTOS]

Recebi no outro dia um doloroso email de uma jovem amiga deprimida, que me preocupou um bocado, vamos combinar: como eu, nos meus áureos dias de perpétua desprezada — isso é, de perdida e sempre apaixonada —, a pobre menina linda que pensa que não tem ninguém corre atrás, justamente, de quem não lhe quer bem, mas, gente, que raio de masoquismo seria esse? Hein? Será que alguém ainda acredita que pra ser poeta publicado é preciso penar, sem clemência, com a dor tuberculosa do amor não correspondido, que aparece sem falhar em todas as belas canções do repertório romântico tão sofrido, ufa, ou em pelo menos 90 e muitos por cento dele?

Pois é. Hoje é Dia dos Namorados — e o problema aqui em casa é que é dia dos namorados pra mim, mas não para o Alan, meu marido americano, pra quem a data alvissareira cai em fevereiro e dela eu sempre me esqueço, durma-se com um calendário promocional variável desses. Ui.

E como o ofício de cronista nos obriga gentilmente a discorrer longa e ironicamente sobre o assunto mais banal do dia, eu não poderia escapar exatamente *neste* dia, sabem como é. O que vocês não sabem, e vou contar pra vocês agora, é o que há por trás da enorme propaganda dos mitos de amor, a maior parte deles de amor perdido, só pra perpetuar a nossa carência e nos fazer gastar, gastar, ô gastura, sô... e que, graças a deus que não acredito nele, são nada mais do que isso: mitos. Mas como todos vocês, ralei um bocado pra descobrir isso, quem não acredita pode até ler em todos os meus livros, porque, cá entre nós que ninguém nos ouça, nunca escrevi de verdade uma linha sequer sobre qualquer outro assunto, e põe amor apaixonado nisso.

Sobre o mito platônico de alma gêmea, por exemplo, preciso confessar, foi um livro inteiro de idas e vindas, achando que o gêmeo era um, depois outro, depois outro, pois é, tudo isso no decurso de um único livro, até confundi o pobre do Alan com a minha enrolada diatribe amorosa, imaginem então os leitores menos envolvidos, arre... Está também no *Hierosgamos* — intervalo pro comercial: compra logo, vai, dá pro seu amor que ele vai (te) adorar, ainda dá tempo, é digital: você compra agora e ele recebe agorinha mesmo —, outro livro inteirinho sobre a busca incansável do amor onde acabei encontrando e arrefecendo o ardor, taí, hoje sou outra, finalmente, e Alan tem muito a ver com isso, tá certo. Mas... alma gêmea? Peraí.

Isso não existe, e é fonte certa de frustração para quem insiste. Já o amor, meus amigos, tampouco existe... é apenas um exercício afetivo que a gente programa na mente, por pura necessidade de contato humano frequente, *"Love the one you're with"*, se é que vocês me entendem — pra quem não entende [inglês, ou amor, ou seja lá o que for] já vou logo explicando: ame aquele que está contigo neste momento, é o melhor que se pode fazer pra se sentir feliz, podem acreditar. Pois no final das contas, felicidade é uma brevidade e nada mais, o que lamento, tenho que lamentar, ou nem teria por que sorrir ou chorar: a gente vive desses altos e baixos dementes, coisas de momento, fazer o quê.

Agora. É claro que em algum nível subjetivo esse outro com quem se vive tem que ter um algo a mais pra nos agradar, dar tesão, ter química, sei lá, algo na pele e no toque que nos faz parar de pensar, porque em se tratando de amor, pensar muito não ajuda em nada; tem que sentir, relaxar, foi isso justamente que só consegui quando encontrei o Alan nos Estados Unidos, depois do nosso breve e *caliente* namoro na internet: relaxar e gozar, mas isso eu já contei em público um milhão de vezes, e olhem que a gente, apesar das críticas em contrário, nem foi tão explícito assim, a coisa hoje em dia foi muito mais longe do que a gente sequer pensaria ousar, vejam o congressista americano Anthony Weiner, por exemplo, com seu tuiterzão superexplícito (link proibido pra quem não aguenta imagens fortes, por favor ,não cliquem), assim também não dá. É preciso sutileza até para namorar, não é mesmo? Argh.

Mas voltando a Alan e eu, moderna síntese de casal pra ninguém criticar, um amor escrito na web como todo mundo já sabe — e quem ainda não sabe está a fim de tentar, é ou não é? —, parafraseando Nietzsche, oba: ou a gente se mata ou se fortalece (como companheiros, pelo menos). E o amor apaixonado, custei a aprender, tem bem pouco a ver com essa coisa toda que está discriminada aí: casamento é trabalho e compromisso, muita paciência, algum desejo de erotismo, vontade de acertar e um coração meio omisso, já que um parceiro ideal, sem nenhuma concessão ao vício, é algo que só se consegue num mundo sem pressão, que ilusão. Comigo, nunca mais.

E um bom domingo amoroso procês, com rosas, velas, incenso, música suave e tudo o mais a que todo mundo tem direito, se depois dessa crônica histriônica ainda sobrar romantismo pra isso, é claro.

***

Pois é, faltou explicar que o mito de alma gêmea nada tem a ver com o tesão constante que muita gente pretende conseguir com a sua, é um mito *platônico* como o próprio nome diz, isto é, criado por Platão — que como não sabia nada sobre o assunto inventou essa história de cósmico compromisso, vamos torcer para certos textos pesquisados não estarem equivocados, afinal de contas, por obra e graça do MEC, o "Brasil Escola", coitado, vai meio mal das pernas, não é mesmo?

E por falar nisso, a tese pesquisada no site em questão é tão completa, mas tão completa em sua brevidade abjeta, que abarca entre os deuses do Olimpo até mesmo aquele amor que antigamente não ousava dizer seu nome, mas que hoje em dia o alardeia a torto e a direito até pra quem não tem nada a ver com isso. E isso, francamente, não é nenhum preconceito de minha parte, mas, peraí: pra que sair por aí informando a meio mundo — até pra pessoa que acaba de te contratar num emprego novo, por exemplo, como fez uma breve secretária que eu tive — com que parte do gênero humano você gosta de se deitar? Fala sério!

***

Ah, tá bom. Apaga tudo aí em cima, pois Alan me despertou esta manhã com uma surpresa e tanto... Um poema, uma performance e uma promessa... Pois é. Chorei, vejam aí na tela, no canto superior esquerdo dá pra ver — um instantâneo da vida onde ela mais se beneficia da arte viva, escrever o quê? Desejo o mesmo pra todos vocês.

O INFERNO DAS NOSSAS BOAS INTENÇÕES

Timoneiro nunca fui. Que eu não sou de velejar. O leme da minha
vida. Deus é quem faz governar.
Paulinho da Viola

Com toda essa conversa de eclipse durante a semana, me veio à cabeça, não sei por que, o filho de meu primo favorito que morreu aos
dezessete anos, de repente, num acidente de carro. Se a lua estava cheia
naquele dia, não sei. Sei que era um menino lindo, moreno, de longos
cabelos sedosos e etc. e tal, agora que está morto, podemos dizer que um
excelente garoto, mas não é disso que quero me lembrar, e sim da pífia
reação que a duras penas consegui expressar: mandei um email sem jeito ao meu primo com aquela conversa fiada de desígnios divinos, linhas
tortas, e todo o vasto e vazio repertório consolador no qual a gente enfia
a mão quando não resta mais nada a dizer. Não fui ao enterro porque era
em Minas, muito longe daqui graças a Deus.

Francamente. Não ando de bom humor ultimamente. Soube também esta semana que um dos psiquiatras de mamãe, um sujeito razoavelmente jovem, dedicado e humano — pode não parecer, mas este
último atributo aí se torna bastante raro quando a gente trata de algum
doente de longa duração, onde a perspectiva de lucro imediato se dilui
ao longo dos longos anos, que adiam morna e dolorosamente e à nossa
revelia a temida data, que, cá entre nós, ninguém confessa isso, passa a

partir de certo ponto a ser ardentemente desejada, embora a gente se mantenha calada, conformada, sabem como é —, estava, pois é, voltando ao ponto, desenganado numa cama de hospital, vou lhes poupar os detalhes que ninguém merece a doença moral do nosso "Mestre do Universo", pô, peraí.

Quando me contaram, me descontrolei, é verdade, parei de respirar e chorei, chorei muito: pelo doutor, por mamãe, por mim, por meu cansaço ambulante, por tantos atrasos desgastantes, por Deus! Onde estás que não respondes? Hein? Tás mesmo aí? Mas onde? Pois outra de minhas primas, quando lhe contei sobre a má sorte do Dr. Marcelo, me veio com aquele velho "Deus sabe o que faz", tem gente jovem que esbarra na linha, tem gente que apesar de tão doente morre velhinha, etc. e tal, que a decisão sobre as grandes coisas jamais é minha... Ah, não é? Como assim?

É claro que as coisas dolorosas da vida são bem mais difíceis de entender ou engolir, mas, vamos combinar, agora que finalmente venho me dando bem na lida, estou achando injusto atribuir as parcas alegrias, obtidas com muita luta, a uma entidade clemente, misteriosa e ausente, ok, fica combinado assim: não Te debito as desditas e não Te credito os benefícios, ficamos elas por elas, e eu responsável pelo que o mero acaso estabelece pra mim: tô sozinha neste mundo e não abro, quer dizer, sozinha não, mas presa incontinente na trama insana da mente estritamente humana, se é que vocês me entendem.

Provavelmente, não. A não ser, é claro, que vos ilumine a chama sempre em flama do divino espírito que nos tira da cama diariamente, pois sem ele, como todo mundo sabe, somos nada, menos que nada, um ingrato animal abandonado dotado de consciência culpada, mas, cá entre nós, pra que inventar tanta desculpa por simplesmente seguir vivendo, apesar de tanta labuta? Hein?

Ah. Entendi. É que a vida, meus amigos, não passa de um drama de aventura muito bem editado por quem não sobrevive sem literatura-verdade, *aka*[5] quase todo mundo, a gente, kkk. E pros que ainda não penetraram profundamente os meandros escuros de nossos cérebros prementes, cumpre esclarecer que essa ideia encadeadora de efeito e sua causa não passa de um macete bem bolado que nosso projeto de gente emprega pra gravar na memória a nossa própria história, ufa, que

---

5 *Also known as* [também conhecido por], uma sigla acadêmica que confere seriedade a qualquer bobagem que se publique por aí, como as que eu mesma escrevo.

vista assim do futuro parece tão perfeita no que já tem passado que só poderia mesmo ter sido criada pela mão guiada de algum desígnio muito superior a nós, e põe humildade humana nisso.

Einstein dizia que "Deus não joga dados", mas, se "Ele" existisse, jogaria. Por pura falta de lógica opção, seria viciado no bingo do destino como cada um de nós: é grande a tentação de entregar o manete a um Crupiê Divino, com cê e dê maiúsculo, taí. Cansei.

Pois pra quem tem me achado amarga nos dois últimos domingos — e também uma ingrata desgraçada, pois eis que fui agraciada pelo sucesso e pelo amor — lhes asseguro que não é nada disso. A verdade é que mesmo devido a isso tenho tido tantos compromissos, que mal sobra tempo pra conferir em que fase do ciclo anda a lua, quanto mais meditar calmamente sobre os efeitos mágicos do último eclipse — justamente no último dia do prazo apertado de edição de um novo livro, sabem como é.

Mas nem sempre foi assim. Já fui, imaginem, espiritualista convicta, vegetariana, numerologista, com uma grande cruz capricorniana dominando o mapa instigante desta minha saturnina vida, por onde naveguei, seguramente acudida, na certeza da existência de um Grande Espírito atrás de mim, quer dizer, à minha frente, e ainda duvido — em raros momentos de fraqueza como este —, francamente, que não haja pelo menos uma mínima instância superior de mim mesma que esclareça a rota obscura do meu próprio futuro inseguro — o chamado "Eu Superior", ego perde, caramba.

Este domingo, por exemplo, é um 19, e 19, todo mundo sabe, é o número do carma — coisa que aprendi na minha antiga vida com Kuichy, um xamã peruano. Durante muitos anos, tive um compromisso comigo mesma, pra compensar tudo o de ruim, de em todos os 19 do mês fazer estritamente aquilo que me agradasse e me fizesse bem, como, por exemplo, só comer coisas gostosas e fazer um amor com quem me quer bem, boa proposta prum domingo de sol, não é mesmo? Aproveitem.

E um bom domingo procês.

26/06/2011

ENREDADOS

Vocês, eu não sei, mas tenho sentido certa dificuldade por parte de umas poucas pessoas em encarar a nova realidade conectada, como, por exemplo, certas empresas, como a minha editora, em que cada funcionário — melhor dizendo, colaborador, pois cada um funciona como se fosse um provedor, provedor de conteúdo, digo — trabalha em sua própria casa, de pijama, chinelo, camisetão, o que for.

Evidente que esse novo estilo de se fazer presente requer um grau bem mais elevado de disciplina do que seria o normal. Eu mesma, confesso, tenho tido muitos problemas com isso, de minha parte o contrário do que se esperaria a princípio: me viciei em trabalhar, e toca a desprezar o marido, os poucos amigos — mas no Facebook tenho quase mil, vem me adular você também —, os gatos de aluguel (que vêm da rua, fugindo dos cachorros do vizinho) e a horta de ervas, neste exato momento cheia de ervas... daninhas, fazer o quê. Tô precisando me controlar, fala sério, alguém aí tem a pílula certa pra me curar? Ô pesadelo, sô.

Já quanto às pessoas que tentei contratar, a parte vai geralmente pelo lado oposto (sem citar nomes pra não aborrecer a galera, já que hoje em dia a gente nunca sabe onde um texto vai parar). M.G., por exemplo, que trabalhou conosco logo no começo, tinha tudo que eu gostaria que um bom assistente tivesse: era jovem, inteligente, charmoso, tatuado, pra não mencionar que entendia um bocado de web e correlatos e ainda por cima sabia escrever, um detalhe assim meio que insignificante, não é mesmo? Pois os problemas de M.G. eram vários: a namorada, os

cachorros da ninhada e o clube de armas que ele frequentava. Pro trabalho, infelizmente, não sobrava muito tempo, entrava no expediente do
skype, dia sim, dia não, sempre depois das seis, seis da tarde, quando eu
estava quase saindo. Deletei.

Depois disso, decidi contratar alguém que, contra tudo em que
sempre acreditei, se instalasse em meio expediente aqui em casa mesmo.
G.S., vamos combinar, era o exato oposto de M.G., apesar de também ter
namorada, ser estilosa e bem-vestida. Tinha todo o tempo e dedicação
que se poderia desejar, mas bem pouca informação quanto ao trabalho
que deveria realizar. Pior ainda era a sua presença constante e constran-
gedora, isto é, embora fosse bastante discreta, a mera presença dela na
"sede" da editora impedia que usássemos o banheiro na hora habitual,
que o nosso editor de inglês andasse de roupão (ou bem menos que isso)
pela casa durante o horário comercial, essas coisas. Deletei também.

Teve ainda o caso deprimente de L.V., artista talentosa do interior
de Minas que quis trabalhar comigo como assistente de vídeo. Estourou
o prazo várias vezes, mas se comportou, acatou meus conselhos e se
aprumou, terminou a primeira encomenda e se saiu muito bem. Pouco
depois, no entanto, entrou numa paranoia de estar sendo hackeada por
algum desafeto anônimo (tá na moda isso) e ela mesma se deletou, deixou a rede de vez, Facebook, tudo, foi triste à beça — quase como estar
morta, pra nossa comunidade online, pelo menos.

G.S. me deixou como herança o novo Dell que eu comprei pra ela
— já que, embora a gente até pudesse compartilhar o espaço, não poderia de jeito nenhum dividir a tela — o que piorou meu vício em trabalho
consideravelmente: se eu antes já era uma *workaholic* terminal, criei de
uma hora pra outra uma personalidade adicional: separei os escritórios,
um pra mim no primeiro andar e outro pra "ela". Passo os meus dias
subindo e descendo as escadas de tela em tela, alterando o "perfil" conforme a necessidade do cliente do outro lado dela. Estou doidinha.

Agora, o nosso caso como empresa não apresenta na realidade
nenhum grande problema, vocês sabem, a gente já nasceu assim, uai.
E temos tido sorte de verdade quanto à qualidade dos nossos reais colaboradores, alguns deles, como não poderia deixar de ser, por artes do
enganoso e pródigo destino da *presidenta* da companhia, moradores da
Belo Horizonte querida — raiz mineira que abandonei ao fim da adolescência, e sem remorso nenhum, já vou logo confessando —, como o Caetano e a Ethel, talentosos e dedicadíssimos: nosso webmaster que pensa

(e bota raridade nisso) e nossa publicitária que cria, obrigada, gente. A coisa pega pra valer é com aquele tipo de empreendimento que, tendo nascido pra funcionar tradicionalmente, tem sido obrigado a embarcar com certo atraso no bonde conectado que já vai lá na frente, ufa. Porque aí, meus amigos, o bicho come de verdade.

No outro dia, por exemplo, um de nossos fornecedores cometeu um engano terrível ao emitir a nota fiscal de vendas, eletrônica, é claro, como o governo tornou obrigatório há algum tempo: em vez de colocar o produto unitário a 8 reais (quantidade total: dois, é isso mesmo), colocou a R$160 e mandou ver. Até aí, nem tão mal, pois no outro dia até a outra "eu" cometeu um erro do tipo ao incluir na nota o produto equivocado. Tive que cancelar tudo e o trabalho foi dobrado, mas tudo bem. Alterei.

Já no caso em questão, o tal "sistema" informatizado, que pouca gente consegue entender de verdade, tocou o negócio pra frente automaticamente, emitiu boleto, enviou ao banco e ao pobre do cliente — eu —, que a partir daí se envolveu numa trama delinquente pra Kafka nenhum botar defeito:

— Cara, estou ligando porque vocês cometeram um erro na nota fiscal, o valor total é R$16,00, tá sabendo? Vocês vão ter que cancelar tudo! Rejeitei o boleto no DDA![6]

— Mas, senhora, não temos como fazer isso. Vamos emitir outro boleto com desconto, ok?

— Uma nota de R$320 com desconto de R$304? Ok, por mim tudo bem.

Chega o boleto corrigido algumas semanas depois do vencimento. Entro no site do banco e não consigo fazer o pagamento.

— Cara, você que tem que emitir o boleto novamente, e com data atualizada. A gente tem que pagar online, aqui não tem ninguém que vá ao banco pessoalmente. Estamos no meio do mato, a 30 minutos de carro da agência mais próxima, tá me entendendo?

Mais um par de semanas e recebo o boleto com a data alterada. Não consigo, no entanto, fazer o pagamento dos malditos 16 reais, pois o sistema não aceita o "desconto" de R$304. Telefono novamente (vai somando aí a conta do interurbano, pois a empresa em questão ainda não

---

6 DDA, pra quem ainda não sabe, é o sistema automatizado que enfia o boleto enviado nas suas contas bancárias para pagamento, tudo fácil e rápido, mas meio involuntário, embora a gente possa rejeitá-lo caso necessário.

entrou no skype):

— Cara, não consigo fazer o pagamento. Posso depositar o dinheiro diretamente pra encerrar essa novela de uma vez?

Pois pra encurtar a história a responsável pelo recebimento informou a conta bancária, fui lá (online, claro), a conta não aceitava transferências, só *depósito identificado*, pode? Liguei novamente, contei novamente a mesma história da sede da empresa no mato, que saco, que não havia ninguém que pudesse ir ao banco para o depósito identificado etc. etc., ainda mais pra pagar apenas... dezesseis reais! Já somaram aí o meu tempo perdido (repito pra quem quiser me ouvir: SÓ TEM EU AQUI!), o tráfego interrompido e a fila terrivelmente comprida?

Lá pelas tantas, a menina descolou uma conta que finalmente aceitava a transferência interbancária; naquele banco a gente é que não tinha conta, quer dizer, à tal velha dívida de apenas R$16 ainda foi preciso acrescentar a tarifa de R$7,80 do DOC, argh. O caso deve ter terminado custando, contando tudo aí em cima e mais o incômodo da conversa, aí por volta de uns cem reais, fala sério. Não parei pra fazer a conta.

E cá entre nós, depois de ter passado pela destruição do mito da virgindade, pela evolução da feminilidade, pela invasão a domicílio da falta conectada de privacidade, enfrentar esse tipo de despreparo é pinto, quer dizer, ponto, ponto.com: com internet, apesar de tudo, é melhor, muito melhor.

E um bom domingo conectado procês todos aí, Brasil adentro, tão ligados?

03/07/2011

Literatura a 0.99

A ideia é usar os recursos digitais como chamariz, criando uma aura
cool e jovem em torno da boa e velha literatura.
Aquela feita exclusivamente de palavras, uma depois da outra.
Scott Lindenbaum, sobre sua revista *Electric Literature, via Todoprosa*

Apareceu aqui e ali na web. É o assunto do momento, logo, tem que aparecer aqui também, e por um motivo a mais: Alan foi um deles, um daqueles 1.000.000 de leitores que baixaram em seu Kindle o tal *hyper-seller* de John Locke, o novo queridinho da literatura para as massas; e não, não se trata de um novo teórico do capitalismo, embora de um jeito ou de outro esse Locke de agora seja exatamente isso: um praticante do novo capitalismo literário, por apenas US$0.99, é isso mesmo, de grão em grão, etc. etc. Haja galinha.

Bem que eu quis criticar — criticar sem ler, claro, como tem sido meu hábito, ultimamente — achar alguma coisa errada que invalidasse o intrínseco valor do autor, Alan quis saber o motivo:

— Por que você tem que achar alguma coisa errada num livro que um milhão de leitores endossou?

Endosso barra-pesada, tá certo, e me pergunto: *Será que aquela exigente livraria brasileira consideraria John Locke um "autor bacana"?* Duvido. Afinal de contas, antes de se autopublicar na Kindle Store, J.L. era um ilustre desconhecido. Já eu, vocês sabem, vivo de falar mal de todos e tudo, ou não teria sobre o que escrever, mas vou logo me justificando:

— Porque afinal de contas, ora, é tudo negócio, *darling*. E o meu negócio é justamente provar por amaisbê, e mais algumas vírgulas bem colocadas, que todo autor *continua precisando* de um bom editor, por mais que consiga vender sem eles, vamos combinar.

Quanto a essa história de "autor bacana", vou logo explicando também que é mais um preconceito, ou paradoxo, sei lá. O que sei é que aconteceu comigo, é isso mesmo, enquanto eu negociava uma posição de destaque para um dos livros da nossa editora baseada no fato de que — embora a gente ainda esteja bem longe do milhão, somos indiscutivelmente os líderes nacionais em vendas de livros digitais, com mais de *mil* vendidos de um único título, o imbatível *Domingo, o Jogo*, que se mantém grudado no topo da parada e segue faturando, graças a Deus (e a algumas *otras cositas más*), ufa, fim do travessão, pior seria um asterisco de pé de página, não é mesmo? —, pois é, temos vendido muito livro, mas o cara da livraria bacana não me comprou de jeito nenhum: disse, sem escrúpulo nenhum, que a cada semana chegam pra ele muitos "livros bacanas" e que ele não pode, assim, simplesmente, dar espaço pros meus, ah, tá bom, bacanas, mas que não vendem, certo?

E cá entre nós, bacana seria o quê? Vender um milhão... ou publicar bons livros? Vou explicar, mas triste mesmo é que brasileiro pouco lê, e isso precisamos mudar com urgência. Embora eu trabalhe um bocado pra publicar bons livros, fico às vezes desanimada demais por acreditar que pouca gente vai reparar nisso, quer dizer, se o livro é bem escrito ou não, sem tanta palavra repetida nem continuidade comprometida, como aqui nesta crônica, por exemplo.

O que os de John Locke, como Alan afirma e outros analistas confirmam, realmente são, bem escritos, digo. Alan prossegue e me explica — o que outros analistas também confirmam — que Locke é um bom escritor, os erros são mínimos, e que, além do mais, ele encontrou seu nicho, e um nicho de resposta: segundo o meu americano marido, todo homem nos Estados Unidos consome adoidado essa literatura de mistério e crime, numa vaga tentativa, um pouco menos vaga do que assistindo a filmes violentos, de evitar assassinar suas esposas na vida real, esposas que, por seu lado, consomem adoidado certo tipo de romance açucarado, numa vaga tentativa de esquecer que pouco liga pra elas o marido que têm ao lado, sabem como é, ainda mais se só custar

US$0.99. Embora a incrível marca de um milhão de livros vendidos deva provar que essa emblemática divisão entre os sexos tem se tornado um pouco borrada ultimamente, a recente aprovação do casamento gay devendo ser prova disso também, mas voltemos ao assunto que me é mais concernente, peraí que eu quase me perdi, como quase me perco diariamente tentando me dividir entre "eu" editora de textos e "eu" vendedora de livros, embora a situação ideal, claro, seria juntar na mesma pessoa as duas coisas, ou no mesmo título, se é que vocês me entendem.

Ainda chegaremos lá, prometo: no curso de escrever esta crônica, pelo menos, cheguei realmente a algum lugar, bacana ou não consegui botar nosso livro pra rolar, exatamente lá, na livraria bacana: ponto pra mim, pra editora de textos e pra vendedora de livros, e também pro autor que nos escolheu, claro. Ser bacana é isso.

Mas voltando ao assunto da quantidade de livros, enquanto eu conversava na semana passada com alguém da Amazon sobre livros digitais no Brasil, me senti bastante patética, confesso, comparando os nossos mil ao milhão deles, uma constatação humilhante de que pra atingir tantos livros vendidos a gente precisa, não tanto de bons livros, mas de gente que os leia, e disso, meus amigos, estamos longe neste país. É o que precisamos mudar (ih, repeti, mas não custa enfatizar), e com a máxima urgência, pra nos descolar, inclusive, do nosso constrangedor IDH, como era mesmo aquele slogan de antigamente? "Um país se faz com homens e livros", é isso aí, já dizia aquele pica-pau, e com o advento do digital fazem-se os livros e nem se pica mais o pau, melhorô, vamos em frente. Ui.

Na KBR, deixa eu me vangloriar um pouco, temos feito a nossa quixotesca parte: na contramão do mercado de bacanas, só publicamos literatura nacional, e editada cuidadosamente, com o máximo amor e atenção dedicados ao precioso idioma português, o que, de um jeito ou de outro, é um jeito meio fora de moda de educar o nosso leitor, estamos aí.

E um bom domingo procês, sem nem sair da cama, claro, que este inverno está demais da conta — como cantou Djavan, um "bom lugar pra ler um livro", se for digital melhor ainda, experimentem aí pra ver.

Nós na fita, isto é, na tela

"Aquele espaço da subjetividade, engendrado na mente individual e coletiva, se vê subvertido e reproduzido por dois expedientes principais, o telejornal e a telenovela, que, com o intuito de facilitar a leitura da realidade, terminam por transmudá-la em uma coisa diversa que passa a ser verdadeira para o cidadão crédulo, entorpecido em sua passividade", leio no texto verdadeiramente complexo que acabo de editar, nossa (é de Evandro Marques de Abreu e de 2002, em *O meio urbano e a criminalidade violenta*; agora imaginem vocês se o autor o tivesse escrito em tempos de redes sociais que, com o intuito de facilitar hiperbolicamente o traquejo da nossa realidade em sociedade, terminam por transmudar-se na própria realidade social de muita gente, a minha, pelo menos, ui).

Dei-me conta desse perigo — é, gente, ainda estou *under the influence* desse estilo acadêmico, e não é pra menos: acabo de editar duas teses cabeludas, uma depois da outra, sem intervalo para respirar, não se espantem se *in casu* eu lhes enfiar algum latim *prima facie* para completar, se é que vocês me entendem, trauma puro, juro — ao ser convidada para integrar o rol de amigos da querida Lygia Papel, ops, Pape, com todo o respeito.

Explico. Lygia Pape foi minha professora de "Plástica I" na facul há trocentos anos, nem posso lhes confessar quantos, e enquanto todo mundo pelas costas a criticava — dá pra ver daí, pelo apelido maldoso a ela concedido, o que dela se pensava na Santíssima Úrsula que nos educava para o malvado mercado real de trabalho —, eu já naquela época imatura a admirava, tinha a perfeita noção da importância artística daquela figura frágil, baixinha, de cabelos curtos já então falsamente negros como as asas da graúna, e que nos desafiava, com precoce hodiernidade (paradoxo perde... ou seria paradigma?), a extrair do papel chapado uns volumes expressivos que se assemelhassem o máximo possível à querida arquitetura futura, para além do ódio que naquele momento obrigatório pudessem inspirar, ufa.

Grande Lygia. Pois eu a admirava tanto que muitos anos mais tarde a convidei a fazer parte do famoso Projeto Arqueos na Fundição Progresso, minha pregressa e única incursão na ingrata seara da curadoria artística, tá bom, mas cadê o perigo nesse caso? Gente: é que a querida Lygia faleceu há alguns anos, encantou, virou imagem, até aí tudo bem, mas como é que eu posso agora de repente ser "amiga" de gente que já morreu? Argh.

Tudo isso pra dizer a vocês que hoje em dia a imagem que se projeta, na rede ou fora dela, acaba ficando muito mais real do que a própria realidade que nos cerca, eu, por exemplo — ah, tá bem, percebo o que se passa, mas, no fundo no fundo, só reconheço de verdade a minha própria autoridade máxima pra falar por mim, e de mim, quem não gostar não me adicione e pronto —, e por falar nisso: vocês sabiam que a antissocial, antipática, segregada e elitista menina insuportável de BH, a esquisitinha de Minas, acaba de completar online a marca sensacional de mil amigos? Quem diria, hein? Incompreendida, nunca mais, eita Facebook bão, sô.

Mas não é só isso. Se antigamente já era difícil acreditar no que afirma a imprensa, hoje em dia o que se divulga sem nenhuma prensa, quer dizer, na internet, tem adquirido cada vez mais o peso de verdade absoluta, vejam o caso de Gaza, outro exemplo, intervalo para aferição:

— Alan! Quando é mesmo que deve flutuar a flotilha para Gaza, hein?

— O quê? Foi cancelada, você não sabia? Eram tantos problemas, que o governo grego... hum... *where have you been*?

(Acabo de me tornar neste exato momento amiga do Mauro Pascotto, presidente da Nasa, amigo do Mirisola e falante de iídiche, meu número 1017, *oy va voy*)

Pois é. Tô aqui. Na rede. À disposição de vocês, mas voltando à questão de Gaza: lê-se em metade da mídia que grassa a miséria por lá, sem olhos que a possam realmente atestar, Huxley que me perdoe, porque outros cem se apressam logo a demonstrar que Gaza é na verdade um resort de luxo, onde a miséria não passa de um subterfúgio em alta definição e submerso numa boa jacuzzi para atrair ao pedaço toda a simpatia politicamente correta que existe neste mundo, então qual? Peraí. Só mesmo bêbada de vodka barata com suco de manga em caixa, afinal de contas, estamos no íntegro Brasil de Dilma — e em Brasília, todo mundo sabe, tem manga madura caindo do pé no meio da rua, meninos, isso eu também vivi.

O fato é que a realidade hoje, sério mesmo agora, tem se debatido entre as muitas correntes entrelaçadas, cada uma tentando de preferência enforcar a lógica alheia num esforço que inclui fotos, vídeos, o que for, qualquer imagem que valha por mil palavras tentando sublimar o verdadeiro valor da palavra escrita e publicada, valha-me deus, ou sei lá quem seria o patrono do vale o escrito — o bicheiro da esquina é que não é —, veja-se, a respeito, a bela imagem eternizada de Lygia Pape[7] em seu perfil no Facebook... De vez em quando ainda sonho com papai assim, eternamente saudável e jovem, será que eu devia abrir um perfil pra ele? Ops. Desculpem. Esse papo já não é bom pra domingo.

E por falar em Facebook, anunciaram e garantiram que a nossa privacidade de pijama vai se acabar, a Ethel acabou de me avisar: numa *joint-venture* arretada com o skype nosso de cada dia, ou mais ou menos isso, a gente agora vai poder bater papo vendo a pessoa ao vivo do outro lado — se estiver viva, é claro — sem sair da tela do FB, e eu, cá entre nós, vou fazer o quê? Adeus reuniões matinais com clientes enquanto estou no banheiro, pronto, falei, mas... Nossa! Que musiquinha é essa que não conheço? Ah, é a Ethel ao vídeo, gente, que emoção!

Bom. Eu juro procês que esta era pra ser uma crônica muito séria, e ainda deveria incluir o excelente artigo de Roger Cohen no *NY Times* a respeito do Brasil, vocês sabem, e também um conselho para o nosso povinho conectado, entre eles (nós) a incrível Dilminha — nossa mãezinha atual, muito focada em ética e outros modernos objetivos político-virais —, para daqui para frente só falarmos bem online da nossa pátria varonil, afinal de contas tem muita gente ouvindo, ou lendo, tudo o que a gente fala, ou escreve. E acreditando no que lê, sabem como é. Não se

---

7 P. S. em 24/07: não sei se foi porque a gente disse que não deveria ser assim, mas a verdade é que Lygia Pape a partir de amanhã deixa de ser perfil pra virar pessoa pública, bem melhor, oba. Curtam lá.

pode mais bobear, como no caso daquele francês na Lapa, cuja carteira foi roubada depois de morto antes da Patamo chegar, leiam lá.

Mas aí juntou o cansaço terrível de uma semana difícil, o frio lá fora (e aqui dentro), o peso do compromisso da crônica e, por que não compartilhar, a vodka com suco de manga que Alan trouxe para eu tomar, ui, e deu nesse samba do crioulo doido que hoje em dia não se pode mais mencionar, embora eu confesse a vocês que estou envolvida neste momento exatamente nisso: uma história muito empolgante do samba de crioulo que vem em breve por aí — *Do samba ao funk do Jor-jão*, de Spirito Santo, pela KBR, claro —, francamente. Antes dessa febre do politicamente correto a gente podia falar bem mais francamente, e não havia nenhum racismo implícito nisso, pelo contrário; mas agora, deus nos livre.

E um bom domingo procês, neguinhos.

17/07/2011

Um dia de Alzheimer

Tudo começou, vamos combinar, com aquela história de o Léo ter me convidado pro Google+ que adiantei pra vcs no Facebook — vocês, digo, desculpem, é vício. Recebi o convite e fiquei tão animada que cliquei direto, passei o resto da tarde me divertindo na internet, preenchendo perfil, subindo fotos, convidando pessoas, tentando entender a dinâmica dos círculos, vídeos e mensagens, tudo com cara de novidade e com bom design, coisas que eu curto, sabem como é. Mas me esqueci, aparentemente, do mais simples, básico e essencial: anotar num papelzinho qualquer o email de acesso, pra nem mencionar a senha, que essa aí mantenho memorizada — numa rotina ordenada de dificuldade crescente conforme a seriedade da coisa acessada —, devo acrescentar, tudo na minha cabecinha estressada que, infelizmente, como conto a seguir, tem dado sinais inequívocos de que anda meio disposta a me deixar (com o cu) na mão.

Vai daí que no dia seguinte tentei acessar meu perfil novamente... e nada: quem disse que eu me encontrava? Pois é, me perdi no Google + e poderia até dizer que não foi nada d+. Respirei fundo, entrei no antigo Gmail, dos tempos em que menos é que era mais — bem menos coisas pra se registrar e com as quais se tornou obrigatório lidar —, *et voilà*: agora não me esqueço mais. Prometo.

Pois no outro dia armou-se uma discussão ferrada no mural do meu Face sobre a importância e a (in)significância de se ceder ao mandado do politicamente correto. O assunto começou justamente por eu ter compartilhado, juro, sem nenhuma intenção velada, que acabara de ter um dia "negro", este mesmo que ora vos relato e por isso mesmo não insisto no epíteto (ui!), condenado, ah, pra quê: um de meus amigos conectados me censurou por eu ter usado o mui discutido e pouco liberado qualificativo de cor, por ele associado a um racismo de igual teor, pensei que era brincadeira, mas era a sério mesmo, ah, gente, disso sou inocente! E pra provar, fui logo emendando um link politicamente incorretíssimo, vocês me entendem, usando aquele verbo nato cuja verve me cabe por berço e direito herdado: judiar.

Pura provocação. Minha amiga de infância engatou um protesto imediato, atestando que o conceito foi por ela eliminado para sempre de sua vida, de seu lar e de seu convívio familiar, ufa, por todo o peso discriminatório que o simples vocábulo agrega, ai, ai, que chatice, meu deus. *Bigotry,* acrescenta o Alan, e em português adiciono, com o dicionário do lado, claro: um óbvio bigotismo, "por extensão de sentido".

Mas digressiono. O que eu queria concluir é que sou contra tudo isso que está aí: acho essa coisa de politicamente correto — não diz isso, mas continua pensando aquilo e coisa até muito pior —, definitivamente, uma invencionice, um patrulhamento inútil que não muda nada, só vulgariza a parada, ah, foi só pra rimar mesmo. Porque o único vocábulo proibido aqui em casa é "esquecer", com todas as suas variantes e conjugações: esqueci, esquecimento, esqueceu. Uma judiação.

Mal sabia eu que pelo resto do dia um legítimo inferno virtual me estava reservado, a mim, que já não acredito no astral, fazer o quê. Meu notebook estava ligado no painel de controle de um de meus clientes na Amazon, e quando saí dali pra me conectar ao da KBR, lasquei email e senha e obtive uma mensagem de erro, ok, vai ver digitei errado, sei lá, tentei de novo e... nada.

Só sei que a partir daí a coisa foi piorando progressivamente: pedi para a Amazon me enviar a senha por email, e quando isso aconteceu dei entrada de novo, tive acesso finalmente, e entrei em estado de pânico imediatamente. Gente! TODOS OS LIVROS DA EDITORA TINHAM DESAPARECIDO! MEU PAINEL ESTAVA VAZIO!

Respirei, relaxei (pelo menos tentei), escrevi de novo para o suporte técnico, para a minha assessora particular em Seattle, para deus e o mundo que àquela altura, no outro lado do planeta, ainda dormia tranquilamente. E enquanto não acordavam, sentei-me à beira do meu desespero e chorei, chorei, chorei. No final, cá entre nós que ninguém nos ouça, eu tinha *simplesmente esquecido* de ter trocado o email de acesso! Francamente! Fiquei com tanta vergonha da minha superassessora americana — por ter recorrido a ela em causa própria, e tão ridiculamente imprópria — que se trem houvesse na minha frente certamente sob ele eu me atiraria.

Alan, diz, claro, que a culpa é toda minha. Que eu deveria anotar tudo, manter uma agenda escrita — de papel, digo — até um relatório escrito de todos os telefonemas dados e recebidos com data e hora ele quer que eu crie, imaginem. Nem serviu como atenuante a desculpa do excesso de dados na minha mente ultimamente, sabem como é, neste último mês mudei de endereço web, de servidor, de fornecedor e até de página oficial no Facebook, e ainda por cima alterei todos os meus mais de 20 endereços de email, ai que saudades que eu tenho de um tempo em que rede era só pra pescar e proteger o cabelo na hora de dormir, uma saudade que dá e passa. Rapidinho.

Mas o que Alan (entre outras coisas) não entende, é que essa coisa obsessiva de anotar tudo o que acontece em volta da gente não leva a nada, e ainda alimenta mais um trauma: quando mamãe começou a ficar doente, era dessa maneira que ela se defendia do progressivo esvanecimento da mente, ô coisa triste, sô. Começou com a agenda, progrediu para um calendário de parede daqueles importados, que todo ano em dezembro eu dava pra ela de presente — com os quadrados de cada dia cada vez mais entupidos de anotações inúteis —, pendurado em lugar cada vez mais importante da casa e ajudando cada vez menos — uma dor, uma facada, a cada vez que eu a visitava.

Com o tempo, ela acabou perdendo não só seu lazer favorito — pois já não era capaz de acompanhar a leitura de um livro, nunca se lembrava do que tinha lido há menos de 5 minutos, o que tornou o hábito impossível —, mas também, progressivamente, o contato com a realidade: deixou de lado o noticiário diário, obrigatório, debaixo da porta da sala a cada manhã — outro passo incrivelmente doloroso para mãe e filha foi a decisão de cancelar a velha assinatura do *JB*, pois é, anotando ou não, se cuidando ou não, se exercitando ou não, eu a vi definhar nas agruras cada vez mais grudentas — é assim que imagino aquela massa informe que, dizem, vai tomando conta do cérebro doente, umas placas insistentes, como é mesmo o nome? ai, peraí, esqueci, betamiloide ou algo parecido (não olhei no Google não, tá? acabei me lembrando de verdade, é, às vezes até acontece) — desse olvidamento patológico que me ameaça constantemente, viva-se com um pânico desses. É pior do que câncer, sinceramente.

Minha única esperança é que caso não se encontre brevemente uma cura eficiente para essa praga degenerativa que nos assombra a vida, o governo, a igreja e a sociedade tenham dó da gente e nos permitam morrer voluntariamente, com alguma dignidade ainda presente, ai, desculpem. Emburaquei de vez.

E um bom domingo procês.

24/07/2011

Sofrer pra quê?

Dedicado a todos os meus amigos que neste momento procuram uma saída honrosa e gostosa para os males da cidade grande, em verdade vos digo: vale muito a pena.

"Confesso que escrevo de palpite, como outras pessoas tocam piano de ouvido", compartilha Rubem Braga, todoprosa. Eu também, embora, claro, uma das grandes frustrações da minha vida seja o fato de que nunca consegui tocar piano de ouvido, só com a partitura na minha frente e, mesmo assim, como muito custo. Não nasci pra isso, e agora, sabem como é, tenho que me contentar com essa vida ingrata de palpiteira pública, olha o jogo do contente aí, gente! Foi mamãe que me ensinou, e bem que ela tinha razão. Tomou um limão? Pois tome de limonada, e com um bom açucarzinho para melhorar — sem adoçante por favor, artificial, digo, que se não der câncer, é alegria na certa. Ops. Alergia. Tô fora.

Rubem Braga, todo mundo sabe, é parte daquele time premiado de cronistas mineiros do qual pretendo um dia fazer parte, embora de mineiro o Rubem não tenha nada, a não ser a fama: o escritor era capixaba. O que me anima ainda mais, vamos combinar, pois com toda essa onda de mineira, se eu for fazer as contas, já estou há muito mais tempo fora de Minas do que dentro, mas a trago no coração, uai, ui, principalmente quando me percebo ainda ligada aos amigos mineiros de antigamente, ex-namorados de infância que reencontro no Facebook, por exemplo — e que se lembram de mim tanto quanto me lembro deles, *surprise, surprise* —, além, é claro, dos meus novos amigos mineiros, um time de responsa, alguns deles, imaginem, até igualmente cronistas, será que a gente ainda acaba como os neocavaleiros do Apocalipse? A conferir.

Agora. Nem só de palpite, é claro, vivia o Rubem. Vivia de escrever crônica, isso é certo, e aparentemente muito bem — escrevia bem, e vivia bem da sua escrita, raridade agora e então também, não custa acrescentar —, como os outros cronistas de Minas, todos escrevendo no Rio, mas isso eu já contei antes, desculpem aí. E crônicas de uma leveza que, com toda certeza, por mais que eu queira, não vou alcançar nunca, nem com toda a floresta e os passarinhos que me cabem. Porque cá entre nós, o Rubem escrevia assim, sobre passarinhos e outros nadas instigantes, de sua cobertura no Jardim Botânico, com vista para uma mata bem ralinha e bem na boca do Túnel Rebouças, cuspindo carros e ruídos 24 horas por dia como se fossem pérolas, porcos, porcaria.

Já eu, vocês sabem, cercada de mata e calma por todos os lados, vejo a vida sob o manto da ironia, nasci assim, fazer o quê: pra onde quer que a gente vá, o problema é que a gente sempre se leva consigo, não dá pra ser de outro jeito, não é mesmo? Ah! O que eu não daria em certos dias pra me livrar de mim, imaginem o Alan, coitado... mas, de vez em quando, a gente até se diverte, então compensa, equilibra, sei lá, coisa que bipolar custa pra encontrar — o caminho do humor como a própria condição de se equilibrar. Como esta manhã, por exemplo, rindo na cama antes de a gente se levantar: contei pro Alan o diálogo de surdos que travamos ontem no Facebook, onde eu disse que "usava" a "minha" floresta para me acalmar, e teve gente por lá que não perdeu a oportunidade de me criticar, ah, esses ecochatos, francamente, quem os aguenta? O amigo foi logo despejando aquela lenga-lenga irritante de "planeta, espírito, civismo e solidariedade com a miséria", pô, peraí, mais um instante e vinha Pachamama e Mãe Terra pra cima de mim, fala sério:

— "Sua" floresta?

— Minha, sim, e daí? Minha, sua, nossa...

No que Alan engatou imediatamente: — Há anos atrás eu costumava chocar as pessoas com esse tipo de conversa — *blow their minds*, ele disse — dizendo a elas "a minha lua", "o meu sol", "as minhas estrelas", coisas desse tipo, até os meus filhos eu confundi com essa história — ele riu mais ainda — pois não é tudo meu? Nosso?

É isso aí. Agora, se você decide tomar posse e fazer uso, já é outra história. No Facebook mesmo, as reações à nossa conversa foram as mais variadas possíveis, uns reconhecendo que o ambiente urbano não dá a seus pobres beneficiários a menor chance de usufruir das benesses da natureza, outros puxando a sardinha pra sua brasa chinfrinzinha, comparando a exuberância da Mata Atlântica ao mísero jardim com laguinho de seu querido condomínio paulista, desculpem aí, ganho pra fazer graça, sabem como é, se eu não exagerar a miséria alheia vou escrever sobre o quê? Os meus passarinhos cantando de manhã?

O que a gente esquece na maioria das vezes — eu mesma vivi a maior parte da vida sem ter a menor ideia de como viver junto a ela e o bem-estar que isso nos traz, haja arte, consumo e cinema pra nos compensar — é que é tudo nosso, não é preciso tanta reverência como querem os praticantes da "ecologia espiritualista", argh: a natureza somos nós, é tudo a mesma coisa, e a gente se sente tão bem com ela como com nossos pais e nossos filhos, coisa de família, sabem como é. Ninguém precisa frequentar nenhum curso pra aprender isso, vai lá e curte. Pronto. Falei.

Alan gosta de contar uma história — entre milhões de outras coisas, ele já foi mímico e contador de histórias profissional, um talento teatral — que mostra muito bem a que ponto chegamos com nossa cegueira civilizatória, uma legítima e explosiva ratoeira, nós não, eu, hein... Lá vai: *"Rub-a-dub-dub, three men in a tub, the butcher, the baker, the candlestick maker. One thing a man can do... is get out of that tub!"* ["Era uma vez" — ou algo assim — "três homens numa banheira, o açougueiro, o padeiro e o 'castiçaleiro'"] — duro é conseguir traduzir a rima; essa parte é um conto tradicional, tudo bem, mas o resto foi Alan mesmo que acrescentou — ["Uma coisa que um homem pode fazer é sair daquela banheira!"]

Pois é. Como afirma o meu excelentíssimo marido, essa coisa de viver em caixas de concreto com uma janela ou duas ainda acaba com vocês, quase acabou comigo. E em tempos de internet, ninguém mais precisa disso, só vive assim quem quer.

Saiam dessa, manés. E um bom domingo procês, com tudo a que temos direito, ok? Tá tudo aí! É tudo nosso!

31/07/2011

Um dia de Deus (e outro do buscador)

Não sei se vocês sabem, mas no domingo passado, enquanto ~~eu escrevia~~ vocês liam a crônica... bom. Eu queria que esse wordpress aqui tivesse aquele lápis que aparece riscando quando a gente escreve besteira no skype, sabem como é? Pois eu ia escrevendo que domingo passado foi dia de Deus porque alguém escreveu no Facebook que era alguma data relacionada a Newton, aniversário, ou dia da descoberta da gravidade, sei lá o quê, mas devia estar errado, porque agora não estou encontrando nada, nem uma leve referência ou mera maçãzinha. Quase como Deus ele mesmo... mas deixa pra lá.

Primeiro, a primeira explicação: o que tem Sir Isaac a ver com Deus? É que Alan sempre me diz, a cada vez que eu afirmo pra ele que deus não existe e ele fica irritado com isso — pra vocês terem uma ideia de *como o Alan fica irritado com isso*, comecei com uma enxaqueca enquanto escrevia a crônica que só foi piorando até quase a inconsciência, ele disse que era castigo, "Para de escrever sobre o que você não entende!", olha o pecado aí, gente! — que pra ele a gravidade é que é Deus. Depois, a segunda explicação: eu já andava querendo escrever que eu andava querendo falar com Deus, mesmo que pra isso tivesse que ficar a sós, apagar a luz etc. Eu e Deus (ah, tá bom, a inversão foi só pra nós dois aparecermos com letra maiúscula) volta e meia nos estranhamos, quer dizer, quase o tempo todo. E quanto mais velha eu fico, mais constante fica esse tempo de ateia, agnóstica, descrente, digam aí. Por mais que eu sinta que me aproximo da morte, que é quando as pessoas gostariam de verdade que Deus existisse (pra amenizar o medo daquilo que desconhecem), sinto cada vez mais essa inexorável certeza de que nada mais há além dessa nossa vidinha aqui na terra mesmo, com nossas dores e prazeres obrigatórios se alternando sem que a gente possa interferir no curso deles consideravelmente. Nada a fazer a não ser prosseguir, um dia após o outro, tentando não se dar por vencido nas batalhas pela sobrevivência.

De uns tempos pra cá, tudo o que tem sobrado de minha velha e desgastada crença nos altos desígnios — para alguns, divinos — não passa de um incômodo vício de linguagem — que procuro disfarçar com uma letra minúscula que, cá entre nós, não consegue enganar ninguém: é quando digo "graças a deus" isso, "graças a deus" aquilo. Pois no outro dia consegui o antídoto pra isso, vejam como funcionou a contento: substituí o vago agradecimento por um consistente "felizmente", o que pretendo continuar fazendo daqui para frente. E Deus com isso?

Pois é. Nem com isso, nem com nada ou ninguém mais que me concirna particularmente (hum, muito estranho, botem "concernisse" no lugar, deve melhorar, mas errado não está), ou vocês acham que se um "Deus" existisse teria tempo para tanta e tão gratuita sandice? Eu tampouco.

Meu mais recente conluio com Deus — ok, desculpem, mas esse papo (de) sagrado encoraja este tipo de linguagem aí meio pomposa, se é que vocês me entendem: Deus não fala em jargão de malandro de rua, embora o preconceito seja incorreto vernacularmente — deu-se, com o perdão da cacofonia, já faz alguns anos, quando uma parente com quem eu me importava bastante estava bem mal numa cama de hospital. Bati um papo privado com o lado divino que persiste na gente e prometi que, caso a parente se recuperasse a contento, eu cortaria o cabelo comprido que, segundo ela, não me caía nada bem devido ao avançado da idade, coisa com a qual muita gente poderia concordar, vamos combinar. Fui atendida. E cumpri a minha parte.

Agora. Num aparte que pouco tem a ver com o resultado do embate, hoje não tenho tanta certeza de que a petição assinada em prol da cura alheia tenha beneficiado as partes envolvidas, francamente. A morte, muitas vezes, é um substituto bem menos contundente do que anos a fio de meia vida, vocês me entendem, dolorosos demais para todos a quem afete a rotineira agonia de conviver com um doente, ah, melhor parar por aqui. Não temos sapiência suficiente nem pra saber o que de verdade é bom pra gente, não é mesmo? Viver é enganar-se, já dizia um poeta. Ou seria outra coisa?

Enquanto não desisto de vez e me torno plenamente autossuficiente, sem precisar apelar, como dizia mamãe, para essas "muletas" que o divino espírito provê para a gente, confesso a vocês que briguei e me reconciliei com Deus um bom número de vezes, enquanto a vida se ocupava com seus planos independentes. A morte repentina de papai foi uma delas, das "brigas", digo. Já o encontro do amor, o sucesso profissional, a alegria desse mato de luxo que nos cerca cotidianamente, por exemplo, poderiam constar como "reconciliações", embora nem todas elas tenham ocorrido exatamente: quanto mais resultados colho, à base de muito trabalho e esforço, menos os credito a alguma entidade superior como faz tanta gente.

E por que falar sobre isso agora? Bem. É que andei caindo em tentação novamente, é isso mesmo: tem coisas (até bem normais) que excedem a nossa capacidade de superação habitual, dependendo de quando e em que condições elas acontecem, sabem como é, e lá fui eu tentando barganhar com Deus uma última vez. Prometi — e se ele me atender vou cumprir — que volto a crer nele sem maiores exigências, simples assim, porque o que andei pedindo, embora pra mim seja algo precioso realmente, pra ele é coisinha simples, com 10% de chance de acontecer naturalmente, no curso normal da natureza, digo. Mas eu juro, prometo, sem cruzar os dedos nas costas nem nada parecido, posso garantir, que não cairei naquela outra tentação de tentar explicar o milagre, caso ele venha a ocorrer, com uma leizinha fajutas dessas que operam a probabilidade dos fatos. Fé é isso aí.

Fiquem com Deus. E um bom domingo procês.

***

Em tempo: semana que vem, depois de vários meses batendo ponto no PQAGEA com uma regularidade de barnabé que se orgulha do posto barato que ocupa, não estarei para variar postando a crônica aqui pra vocês, ó, mas é por um bom, excelente motivo. Vou viajar pra São Paulo para a Farra do POD e não vai dar pra escrever, ok? No dia 14 estamos de novo aí, bom descanso de mim, aproveitem!

***

Post scriptum na data da edição, no Carnaval de 2012, uma semana antes do prelo: Deus não compareceu com o favor que pedi... não quer saber de mim, e pelo visto, nem do objeto de seu milagre... uma pena.

14/08/2011

Paulista com Consolação

No meu, eu não sei, pois estou acostumada, mas no coração do Alan alguma coisa certamente aconteceu quando ele a cruzou pela primeira vez: a dura poesia concreta daquela esquina famosa bem ali, em Sampa, contra um céu de agosto muito azul, muito claro e raro, conquistou o refinado gosto de meu exigente marido em busca de um Brasil urbano que, vamos combinar, morando no mato ele até hoje desconhecia, e nem acreditava que na verdade existia.

Quanto à deselegância discreta, virou lenda, ou letra de música, sei lá, diga aí, Neguinha. A verdade é que pelo menos no inverno, e nas cercanias da Paulista, o povo nas ruas hoje em dia desfila um charme europeu de botas e abrigos de botar qualquer carioca no chinelo: de volta ao Rio, já no desembarque do Tom Jobim, é chocante o franco domínio das havaianas em destaque, faça chuva, frio ou sol. Francamente.

Mas não estamos aqui pra falar de roupa, nem de sapatos, nem de frio congelante e muito menos de maridos americanos delirantes, ex-patrões do universo salvo um bom milagre que os recarregue, mas da ousadia desta mínima editorazinha neopetropolitana que vos escreve a cada domingo, e que na vida ao vivo, fora da cotidiana telinha, surpreende não pela desenvoltura, mas pela humilhante baixa estatura, meus queridos autores que o digam.

Pois é. Menos de dois meses depois de ter declarado ao mundo, ao meu mundinho de amigos, digo, que pararia a Avenida Paulista por conta do meu pretensioso evento de lançamento de livros, lá estava eu, pontualmente — egressa da toca da qual pouco saio e a muito duras penas —, comandando o show que pouco tempo antes só existia na minha mente. Fui. Vi. Aconteci: e na superlivraria metropolitana, imaginem, a maior e melhor comerciante de livros do vasto Império Paulista, a Cultura do Conjunto Nacional — uma verdadeira cidade a serviço da cultura e de amplo reconhecimento internacional, tudo bem. Sem falsa modéstia: arrasei. Arrasamos, realmente, Alan, eu e meu grupo integrado de autores competentes. Foi uma Farra, bem como eu disse que seria. E pra vocês, posso até confessar que eu igualmente duvidava de que tudo funcionaria, mas não desisti. Não me deixei intimidar.

Públicos relatos do que foi essa nossa louca incursão de adolescente digital no vasto mundo, adulto e analógico de modo geral, do vetusto mercado de literatura nacional, não devem faltar na internet. Acompanhem. Foi um trabalho e tanto.

Agora. Cá entre nós. O que motivaria, de verdade, uma louca criaturinha de alma interiorana, uma típica *webiana*, a se arriscar ao vivo desse jeito? Cobiça? Desejo? Mania de grandeza ou outras manhas? Sem essa, aranhas...

Despeito. Namoros desfeitos. E um coração ferido que em certa e concreta medida ainda de certa maneira sangra, tantos anos depois do mal que um dia ela imagina que lhe foi feito.

O que me move, e que a ninguém deveria espantar, é aquela sementinha de baixa-estima muito bem enterradinha na minha traumatizada psique de eterna mineira rejeitadinha, e que, quando menos se espera, insiste em brotar novamente: nem precisa de água que a alimente, fertilizante, nada. Bastam vagas lembranças pra que ela se apresente, até que um dia... *voilà*: a gente descobre que nada mais tem a lamentar. Custou caro, mas finalmente a consegui matar, esta erva daninha do árduo romance epistolar.

Pois todos os meus queridos, brilhantes, bem-sucedidos, famosos e preciosos parceiros, convidados e autores, que me desculpem, mas todo esse épico esforço, descontado o óbvio exagero de cronista, tinha como primordial objetivo provar àqueles detestados e por outro lado ainda amados ex-namorados da minha adolescência, ufa, todos eles registrados em livro e sei lá por que cargas d'água ou carma todos hoje paulistas, até os egressos de Minas e até mesmo um do Rio — quem diria, hein, tem carioca que se exila em São Paulo! —, que apesar do descaso por eles a mim devotado venho vivendo muito bem, obrigada. E até nisso me dei bastante bem, não custa lembrar. Estavam todos lá pra que eu os pudesse autografar, os mais marcantes, pelo menos, e que a partir daquele momento lindo deixaram de me marcar, um alívio, nossa. "Não há no céu fúria comparável ao amor transformado em ódio, nem há no inferno ferocidade como a de uma mulher desprezada", sabem como é. Fui. Ri. Hahaha. Não me sobrou nenhuma razão pra chorar.

E antes de me despedir de vocês com esta curta — e grossa — volta por cima, e meu coração renovado ainda por cima, ui, vejo que a vida de certa maneira não passa de uma coleção — eternamente remasterizada — de doces memórias de menina, velha poeira acumulada, pairando, parada, mera nuvem romântica pausada... Ah. Deixa esse espirro pra lá.

Cansei. Cresci. Esqueci. Belo prêmio de consolação, taí.

E um amoroso domingo procês, ok?

A ERA DA MOBILIDADE ESTÁTICA

Pra começar já vou logo confessando que, sim, tenho um passado de malhadora, meditadora e adepta de tudo quanto é tipo de dieta por várias e irrepreensíveis razões, sanitárias, estéticas, humanitárias, listem aí.

Sempre fiz tudo diretinho, do dentista ao ginecologista como mamãe me treinou, mas a indústria do consumo alarmista continua firme lá na frente: a bola da vez é o tal parabeno, mais recente na lista de agentes provocadores de câncer, e para nosso desesperançado tédio de pacientes condenados de antemão, presente em quase todos os cosméticos e cremes à mão, argh. Pior: pra meu desalento de internauta equivocada, embora somente esta semana eu tenha lido a terrível notícia, pesquiso melhor para escrever a crônica e descubro que o componente, descoberto em 2004, foi condenado em 2008, um milagre eu ainda estar viva e saudável, né? Vai ver é porque me limito ao Creme Nívea de sempre, sei lá, que câncer à parte contém óleo de Jojoba e vitamina E, mas por via das dúvidas eliminou da embalagem qualquer referência ao restante da fórmula sem que ninguém percebesse.

Acompanho também emocionada pela internet às patéticas tentativas da indústria do exercício para conquistar os últimos bastiões da renitente e muito humana preguiça: instigante artigo no *Globo* também esta semana afirma que bastam 15 minutos por dia para prolongar consideravelmente a sua vida, e pensar que já malhei 3 horas diariamente por mais de dez anos da minha, que desperdício... E alívio, claro, por não precisar mais desse sacrifício. Isso, pra não mencionar o bem planejado banimento da mais antiga técnica de relaxamento de que se tem notícia: o hábito de dormir, hoje em franco processo de desgaste e apagamento (sem trocadilho) após o advento de tal quantidade de gadgets conectados — com destaque para a mobilidade inteligente — que para exercitá-lo não sobra mais muito tempo, sabem como é.

Bom. Nada disso se compara à saga da comida orgânica, vamos combinar. Quando há mais de vinte anos optei conscientemente pelo vegetarianismo, a gente se sentia realmente especial — como se estivesse doente, já que não "podia" comer quase nada: com as raríssimas exceções das lojas de "produtos naturais", já naquela época maravilhosas apenas nos Estados Unidos, não se encontrava nas prateleiras quase nada que garantisse uma alimentação frugal, quer dizer, fundamentalmente frutariana, à qual fugiria toda infrutífera tentativa de um cardápio cozido com gosto, qualquer gosto, se é que vocês me entendem: a coisa era tão dramática que meu primeiro livro publicado, *Eu, Xamã*, incluía uma seção inteirinha de esforços culinários para obter um sabor ao menos razoável — e sem aquela desanimadora aparência de alpiste — que eu já na época intitulava "vegetariano gourmet", deveria ter patenteado, confiram, imperdível: "O número de adeptos vem crescendo, e também o de restaurantes e mercados, enfatizando essa tendência evolutiva. A culinária vegetariana pode ser criativa, exótica e rica, bem diferente da imagem insossa e monótona divulgada pela nem sempre honesta indústria alimentar" — profeta, eu. Hoje em dia o "vegetariano gourmet" está por todo lado, enchendo os cofres da "indústria de tendências" da qual somos vítimas voluntárias. Azar o nosso.

Com tudo isso rolando, fico imaginando se o real objetivo dos conspiradores ocultos que comandam nosso comportamento não seria provocar um enjoo tão grande, mas tão grande, por conta do excesso de informação, que a gente optaria obrigatoriamente por resolver tudo com meia dúzia de pílulas caríssimas já certamente em pleno desenvolvimento, deixando mais tempo para todas as outras atividades indispensáveis de nosso cotidiano acelerante. Nisso, devo informar que o Alan, com suas dores constantes, já vai lá na frente, pronto para a experiência: *any pill goes!* Esta semana, por exemplo, passou três dias desconectado da própria mente por conta de um analgésico recomendado pelo cardiologista que, fala sério, faz tão mal à saúde que a Anvisa resolveu a questão anexando uma tarja preta, mas quem sou eu para criticar?

Pois é. O que me resta transmitir a vocês, leitores, é que depois de eu começar a trabalhar seriamente deixei de lado todas essas providências prementes: nada disso é importante na vida realmente, *sorry.* Como e bebo o que há e o que dá, com Alan reclamando da cozinheira negligente. E meus 15 minutos em pé na cozinha enquanto preparo o almoço — sempre atrasado para a fome que ele sente — parecem ser suficientes pra me garantir uma tranquilizante expectativa de longevidade, isso, sem mencionar o sobe-e-desce diário dos poucos degraus que me levam ao escritório, onde, confesso, tenho pisado raramente: com a mobilidade crescente, prefiro trabalhar no sofá da sala mesmo, e quando a tarde esquenta de verdade, sentada na sombra da varanda da frente com o notebook e telefone sem fio, a bunda refrescada pelo chão de pedra frio.

Agora, o que eu acho que está acontecendo de verdade é que o cérebro está se tornando, finalmente, o grande centro de desafios e resultados: cada vez mais as coisas vão rolando dentro da mente, a nossa, individual, e a coletiva, impositiva e crescente. A cada novidade que aparece, e que, mais cedo ou mais tarde, acaba se tornando indispensável, é mais um tanto de coisas que é preciso aprender rapidamente pra seguir vivendo neste nosso mundo, simples assim.

Esta semana, por exemplo (ô semaninha braba, sô!), acrescentei ao meu arsenal de tecnologia básica o Galaxy Tab, um brinquedinho fascinante, que já começou causando problemas no meu confuso, ansioso, superlotado e apaixonado cérebro de executiva cyber-oficial: já nem sei bem se é no teclado ou na tela de toque que estou digitando esse texto hoje, juro. E é ao meu tablet novinho que vou me abraçar nesses raros minutos de folga que passam tão vertiginosamente, que namorar, que nada. Não é à toa que Alan, coitado, tem se sentido abandonado ultimamente.

E um bom descanso procês, que ainda têm tempo de ter um domingo semanalmente. Um luxo, francamente.

O LADO BICHADO DA MAÇÃ

Criatividade é simplesmente conectar coisas.
Steve Jobs

"Aniceto, para alguns o maior partideiro de todos os tempos, tinha por hábito esboçar o refrão e algumas rimas essenciais do tema a ser desenvolvido de improviso (o nome da dama a ser homenageada, por exemplo) no lado branco do papel do maço de cigarros da marca que ele fumava, 'Hollywood'", conta Spirito Santo no instigante samba, ops, livro sobre o samba, que estou editando. O que me remete à estratificação social engendrada (ui! contaminada!) pela marca de cigarro que a gente fumava, é, fumei sim, mas, peraí: naquela época *todo mundo fumava,* a não ser quem não se importava com a imagem divulgada.

Eu fumava Charm, branco e fino, pacote dourado, alternado em ocasiões mais marcantes com o More, marronzinho, pacote vermelho, picante e fino também, um charuto de "lady" numa época saudosa em que damas educadas não arriscavam seu charuto em público, sabem como é. Enturmada. Finória. Sempre odiei os mentolados, favoritos da minha melhor amiga (em prol de um bem disfarçado hálito de fumante?), mas já não lembro o nome deles. Quanto ao Hollywood, se não me falha a memória (sim, ela falha), era o cigarro das pessoas mais intrigantes, vanguardistas, dados a atitudes e emoções mais fortes e afirmativas, dentre elas a maioria dos artistas, com certeza aí incluído o partido alto dos sambistas.

Pois é. Para estar por dentro, naqueles idos dolentes de 1980, a gente tinha essa ampla gama de vícios bacanas querendo emitir sinais de fumaça para a tribo, se é que vocês me entendem. O que a gente não sabia, porque no tema então pouco se tocava, é que estava na realidade ficando doente por dentro. No outro dia, por exemplo, o cardiologista do Alan (sim, ele agora tem um) afirmou que ele tem um "eletro" de ex-fumante — e olhem que Alan nunca fumou, pelo menos é o que ele me contou, com exceção dos poucos cigarros avulsos comprados a um real do porteiro do nosso prédio no Alto Leblon, quando a falta de comunicação generalizada se tornava ainda mais braba —, mas quem, na nossa geração, não tem?

Hoje em dia só fuma quem passa por cima da própria consciência de suas condições de saúde, e acabou-se a história, mas por que falar sobre isso agora?

É que, de certa maneira, percebi faz pouco, a eterna vontade de ser parte de alguma tribo, cultuar as mesmas marcas — isto é, ser como todo mundo —, continua a mesma, mas os sinais de fumaça, quanta diferença! Nossas caixinhas da hora incluem voz, contato e movimento, e ainda permitem ao feliz usuário anotar com presteza (e sem precisar de caneta) o que lhe vier à cabeça, espalhando a mensagem na mesma hora entre todos os amigos, que maço de cigarros, que nada. Afinal de contas, com o dinheiro poupado do que deixamos de fumar diariamente, dá até pra comprar um bom smartphone, embora eu hoje não faça a menor ideia do preço dos cigarros, vamos combinar. Mas me lembro de ter parado de comprá-los, definitivamente, na Londres de 1987, onde o vício saía um bocado caro: ou eu comprava cigarros ou ia ao cinema, sabem como é. Fui. Me safei.

Já com os smartphones, não tive a mesma sorte. Pensei, pensei, hesitei... mas acabei passando por cima deles pra me entregar mais in-te-gra-da-men-te ao vício da mobilidade crescente: em vez de um caro celular inteligente, comprei logo um tablet com câmera, computador, telefone e leitor de livros numa única embalagem fina e atraente — embora ainda não saiba muito bem o que fazer com ele nesta vida empolgante, tela brilhante, intoxicada de tecnologia dispersante, digo. Mais ou menos como fumar sem tragar como eu fazia antes, cá entre nós que (d) isso ninguém (dá) conta.

Pois hoje em dia, o sinal mais impactante de que a gente é alguém na vida é a marca do tablet na mesa do restaurante, é ou não é? E nesse ponto, confesso, tentei escapar ao assédio da maioria pensante e não comprei um iPad, mas um Galaxy Tab como eu já disse antes. Mais ou menos como a escolha da marca de cigarro na minha época de adolescente, meio às cegas, tentando adotar a tendência do que vem mais à frente.

O que me leva, afinal, e já não era sem tempo, ao assunto que escolhi meio inconsciente, bem lá no fundinho adormecido da minha mente, para a crônica deste domingo, o primeiro de nossas vidas sem Steve Jobs onipresente na sede de sua companhia. Pois embora eu não seja applemaníaca, definitivamente (nunca nada foi tão pouco definitivo, muito menos ultimamente), reconheço com toda a certeza seu indispensável papel na criação dos produtos — completamente diferentes — que deram formato à vida moderna da gente, meu aplicativo de ebooks inclusive, porque, cá entre nós, ainda que eu seja uma kindlerista de carteirinha, ler um livro digital *touch screen* num tablet novinho desses, e no formato epub ainda por cima (à venda em todas as demais livrarias, descontada a Amazon) vem me parecendo uma sensação como... ah. Melhor deixar pra lá.

Só me resta desejar ao querido Steve uma prolífica sobrevivência sem tanto trabalho para atrapalhar, porque quando se vislumbra o que mais importa nesta vida é de lei não restar muita vida para se vislumbrar, não é mesmo? Ops. Desculpem aí. E pra terminar, devo lembrar que nunca, mas nunca mesmo valeu tanto a pena aquela mordida, apaixonada e proibida, no fruto apaixonante de nosso cérebro inteligente: seria este ponto o paraíso do pleno conhecimento?

E um bom domingo procês, na cama, na rede, em qualquer lugar, no éden contagiante onde a gente puder se conectar, consumidos até o caroço, com casca e tudo. Falei.

04/09/2011

MEU LIVRO DE MINUTAS

Estamos subindo a serra de volta do Rio. Já é noite, a estrada coalhada de caminhões gigantescos. Um deles leva na carroceria dois outros caminhões gigantescos, dando à longa sequência de luzes uma atmosfera pesada, opressiva. De pesadelo. Estou tensa, devo confessar. Passando em revista os últimos e intensos dois dias fora do nosso paraíso habitual, do banco do carona Alan sugere que eu comece ali mesmo a escrever o meu "livro de minutos", mas, como assim? Que livro é esse? E ainda por cima dirigindo, sem computador, papel ou caneta?

"Um livro de 'minutos'", ele me explica, "é um relatório detalhado de todas as pessoas que a gente encontrou, o que foi discutido, aprendido e combinado", com o claro objetivo de aprender com cada contato realizado, uma técnica de negócios ou algo assim, coisa de americano, sabem como é.

Confiro no dicionário, ah: em português, o conceito mais aproximado seria "livro de minutas". E, francamente, tenho encontrado tanta gente nesta aventura empolgante do livro digital, que um livro desses é mesmo necessário, para a história da empresa, ou de algo de valor que a gente possa estar criando, sei lá. Enquanto o papel não se apresenta, vou escrevendo mentalmente serra acima.

Quando chego em casa, ligo a tevê pra relaxar um pouco antes de voltar ao trabalho e vejo Patti Smith no programa de Charlie Rose, falando sobre seu livro *Just Kids*, que li faz algum tempo no meu Kindle, um relato emocionante das pessoas que ela encontrou em sua vida, coincidência, não é mesmo? O "livro de minutas" dela, digamos. Muito aberta e franca, Patti diz a Rose, curioso sobre a menção a tantas celebridades, como era conviver com toda aquela gente: "Eram pessoas normais, sabe, pessoas que a gente conhecia e que estavam ali nos mesmos lugares, alguns um pouco famosos, outros menos, mas não existia naquela época o conceito de 'celebridade'. Éramos amigos. Pronto."

Em outra noite, eu tinha acompanhado outra interessante entrevista com Jeffrey Pfeffer, professor da Stanford School of Business, sobre poder pessoal, a razão pela qual algumas pessoas o têm mais do que outras, o que as diferencia umas das outras. Basicamente, "construir poder pessoal é não desistir nunca", diz Pfeffer, "fazer um plano e prosseguir nele, não desistir perante nenhuma dificuldade, o que é bastante raro", acrescenta. E descobri que eu tenho isso de verdade, um "poder" de materializar a (minha) realidade. Penso que vou fazer algo. Vou lá. Faço.

Pois é. Estive no Rio para dois eventos: a inauguração da Livraria Cultura no Fashion Mall e a Bienal do Livro. Sobre a Cultura, já escrevi outras vezes, talvez nunca antes sobre como uma editora pequena como eu, como a nossa (as pessoas e a companhia), se aproxima do núcleo vital de uma grande empresa, líder nacional do mercado livreiro, como se fôssemos, assim, digamos, amigos de infância, de longa data, pelo menos; é muita *chutzpah* de minha parte, mas não ligo, vou fazendo assim mesmo. E tenho chegado a algum lugar.

Isso começou na verdade há alguns anos, quando decidi que minha carreira de escritora iniciante dependia de forma cruciante de que eu me aproximasse de determinado editor muito importante, a única pessoa, eu pensava, "capaz de ler e entender" o livro que eu escrevia naquele momento. Eu nunca o tinha visto ao vivo, e se o visse na rua, jamais o reconheceria. Não tinha nenhum amigo em comum que nos apresentasse.

Escrevi no meu painel de recados que ia conhecê-lo, mas não fazia ideia de como faria isso. Pois num determinado dia, li no jornal que ele estaria dando uma palestra em Ipanema. Fui lá. Ouvi. Me apresentei.

Esse famoso editor, acredito, nunca chegou a ler aquele meu livro, embora talvez tenha lido os outros. Mas uma "sorte" estava lançada, e a "mágica" dos encontros concretizada. De lá pra cá, vim fazendo planos, semeando encontros cada vez mais ousados, sem me incomodar com nada que se interpusesse em contrário. E meu "poder" vem se acumulando, já quase se impondo, mas cadê o tal "livro de minutos"?

Bem. Vamos combinar. Escrevi tudinho aí em baixo, mas resolvi apagar. Na verdade não estou tão certa se escrever sobre isso não seria apenas me vangloriar, ou quem sabe, entregar "ouro a bandido". Ou talvez, quem sabe, um livro desses é bom para aquele projeto de vida que embora a gente se empenhe em concretizar, deixa instruções expressas pra que o relato detalhado só seja publicado depois que a gente desencarnar, ih, estou soando esotérica hoje, deve ser algum ato falho... ou então foi só pra rimar, mesmo. Ou não terá sido à toa que ao ler este texto na versão original a Fê, antes de publicar, o tenha mudado de categoria, de "educação" para "fé", prestem atenção: eu não disse "educação pela fé", longe de mim afirmar isso, né?

Só vou relatar meu encontro ao vivo com Spirito Santo, autor do nosso próximo lançamento que eu só conhecia até então pela internet, uma figura marcante no cenário da comunidade negra brasileira que acompanhou de perto o processo de gestação do samba, da apoteose ao terreiro, e escreveu sobre isso um belo livro que vem por aí. Pela KBR, é claro.

Como eu repito sempre que dá, a vida me levou a não acreditar, a nunca pensar em termos de que há um Deus pra nos apoiar. Pois é. Mas, cá entre nós, embora eu não acredite nele, parece que ele anda crendo um pouquinho em mim ultimamente, é ou não é?

Taí. A verdade dos fatos, sem fé nenhuma para atenuar, é que eu mesma de uns tempos pra cá me descobri finalmente acreditando em mim, e é por isso que as coisas começaram a rolar, vamos combinar. Estar de bem com a vida é isso aí, o resto é melhor deixar pra lá.

E um bom domingo procês, porque pra ser bom, tem que se entregar. Será que dá?

Ando em crise, ou... Androcrises

M al amanhece o domingo de sol (se estiver chovendo, por favor, não liguem: todo mundo sabe que escrevo esta crônica às sextas-
-feiras) e já vou recebendo a primeira chapuletada do dia, antes mesmo de sair da cama e com os olhos ainda semicerrados, sonolentos: "Ah, é domingo, dia de perder tempo com o seu ego inútil escrevendo aquele monte de besteiras que ninguém quer ler."

Pois é. Fala-se muito na mídia das crises hormonais de toda mulher, coitadas de nós, fala sério: entra conquista e sai conquista, continuamos sendo vistas como uma mera gangorra emocional — TPM, menopausa e algum outro bicho-papão de que se possa vir a ter notícias futuramente —, para além de nosso (im)possível e falho controle mental, fazer o quê. Sábias, caladas e contritas por hábito e educação, fazemos de nossos problemas o tema de nossa tediosa expressão primordial — para os íntimos, a mais que vilipendiada "literatura mulherzinha", vida mulherzinha, é isso aí.

É. Estou amarga hoje, desculpem, mas tenho razões para isso: há coisa de umas três semanas, deflagrado como maldição por uma visita de rotina ao doutor, instalou-se aqui em casa mais um demônio verbo-conjugal que não cala a boca de jeito nenhum, mesmo que eu me recuse a escutar, sabem como é... socorro! Tragam de volta o meu companheiro desaparecido!

Quem visse, não acreditaria. Impelida por um prosaico problema de pressão — pressão sanguínea, digo —, levei meu marido Alan finalmente a um bom cardiologista; já vínhamos tentando há anos com médicos do ambulatório em Itaipava e aquelas drogas mais receitadas no "mercado", mas nenhuma resultava na normalização desejada, então fomos em frente. Eu estava feliz, sinceramente, rindo e cantando enquanto dirigia até a consulta marcada, pois graças aos meus hercúleos esforços dos últimos dois anos, finalmente podíamos pagar... por um cardiologista decente.

Mal sabia eu... que junto à receita do mais moderno vasoconstritor ou betabloqueador ou coisa que o valha — obviamente, por intensa falta de tempo e de interesse, não sou tão versada quanto o Alan em medicina moderna, mesmo porque, vamos combinar, e ele não se cansa de afirmar, "não acredito na medicina moderna" —, viria o passaporte liberado para o hodierno, odioso remédio para os desconfortos da mente, é, quem diz que se sente bem com ele(s)... mente, e estava instalado o caos mental, a última ruína da paz conjugal: quem sou eu para competir com o Frontal?

Ah, tudo bem, apaguem aí. Vai que a hiperbem-sucedida indústria do moderno bem-estar social decida me processar por danos filosóficos e morais... e estarei lascada de vez. Isso, pra nem mencionar os tantos que enxergam nessa espúria medicina psiquiátrica legal um bem necessário, uma intenção de aclamar, ops, desculpem, acalmar os dolorosos anseios de nossa humanidade constantemente incomodada, ah, façam-me o grande favor.

O lado triste da história é que libertadas, em tese, as íntimas tensões, aflora a verdade abafada por anos de convivência e amoroso tesão — bem, este, como vocês podem sem nenhuma dificuldade imaginar, misericordiosamente aplacado, anestesiado pelo hábito como seria de se esperar, adormecido, sei lá —, *et voilà,* um misógino inimigo não demora a se apresentar, e que estranho seria este que encontro agora em casa, diariamente, bastando para isso simplesmente acordar? Hein? Argh.

No milagroso Facebook, opção conectada que pode muito bem, dependendo das circunstâncias e do que a gente compartilha lá, mitigar a angústia de nossa solidão milenar, dezenas de amigos se adiantam para me consolar: "liga não, é uma crise, espera que ela vai passar", seria um breve resumo das respostas gentis ao meu desabafo vernacular.

Bom. Não é a primeira vez que passamos por isso, vale confessar. Há sempre entre nós dois alguma disputa externa maligna que tenta, e consegue, nos conflagrar, e sempre tento me safar escrevendo sobre isso, não custa lembrar: o que pra mim é puro exercício de literatura — ficção autobiográfica, tudo bem, pra dourar a pílula do gênero de texto confessional que insisto em praticar, em vez de simplesmente me anestesiar em algum perdido sofá, quer dizer, divã, sei lá —, para o meu atencioso marido é "este monte de besteiras" que vocês estão lendo agora, tempo precioso roubado à minha voluntária obrigação de me matar cotidianamente de trabalhar, ah, melhor deixar pra lá.

Sim. A crise vai passar. Se não for antes, certamente quando as caixas disponíveis de calmantes terminarem seu serviço de angustiar, a ele e a mim, particularmente, como já aconteceu outras vezes. E mais uma vez darei a ela — à crise, digo — o benefício do meu endêmico esquecimento de filha do Alzheimer, como Alan faz questão de lembrar.

Quem me dera. A verdade dos fatos é que embora eu a trate com todos os panos quentes que consigo arregimentar, minha memória, por enquanto — a emocional, pelo menos —, é inconsolavelmente cavalar.

Fico me perguntando até onde conseguirei me segurar, francamente, em minha patética disposição de amar, suportar, trabalhar por este amor que é bem mais — embora haja quem custe em nele acreditar — que mera defesa contra a "inutilidade de mulheres na faixa dos sessenta anos que não têm um marido em que se apoiar".

Porque, como disse aquele meu bom amigo mineiro, no fundo no fundo, todo relacionamento amoroso é um misto de incômodo e prazer que na verdade é difícil administrar; e o que menos importa, nesse cotidiano das mentes casadas mais conscientes, é com que pessoa a gente escolhe estar: é tudo mais do mesmo, não vale a pena a gente arriscar.

Ah. Você aí, no seu fim de semana familiar, amoroso, tesudo, apaixonado, sei lá, vai se ofender com certeza com esta falta incisiva de romantismo de minha parte, ao lado da falta de fé que insisto em expressar, tudo bem, cada qual tem direito à sua ilusão exemplar, desculpe, me esqueça e vá se divertir.

Tudo isso vai passar, repito, e voltarei a me empolgar... apesar das vicissitudes desta vida bandida, de amargar. Como disse o escorpião àquele sapo salutar — convicto de que as coisas podem, enfim, mudar — que o escolheu, logo quem, pra ajudá-lo a atravessar: "É minha natureza". Fazer o quê?

O que eu na verdade ando mais precisando é de apenas um pouco de descanso, de relaxar de vez em quando como todo mundo, nada de mais. E pra isso é que o domingo foi inventado, coisa de gênio, não é mesmo? Ou como dizem alguns crentes, créus, crus: coisa de Deus. E um bom domingo procês, desculpem aí o mau jeito. Fui.

18/09/2011

MEU VÍCIO, DESDE O INÍCIO

...um elo se rompe e vem tudo abaixo de repente. Aquele que não está preparado para isso, ou que tem uma personalidade mais ingênua, cai na armadilha.

Priscila Ferraz, escritora

Pois é. Toda crise tem lados multifacetados, todos borrados, como um falso brilhante nublado em cujo bojo quebrado já não se reflete nenhuma luz, que bela oportunidade para um colapso tenebroso, hein?

Vai daí, que percebi, um pouco tardiamente como sempre costuma acontecer, que tinha entrado num redemoinho ascendente daqueles que carregam a gente sem que haja defesa contra tantos possíveis destinos deprimentes, um país das maravilhas bem ao contrário de todos os sonhos de Alice, sabem como é. A gente se vê demente, sob o jugo de paradoxos doentes.

Reconheço. Nem todas as drogas em uso no mercado estão catalogadas como produto de cuidadosas reações químicas quantificadas, pois é: algumas delas se reproduzem vorazmente como descontroladas combinações, lucubrações detrimentais contra as quais mal se defende a consciência esperta, pobres de nós, banais.

É o sucesso aparente, com boa chance de pior destaque na comissão de frente: fui, venci, me iludi — não necessariamente nesta maldita ordem, para o inglório afã de nossa vã popularidade social, é isso aí. Existe vida por trás de tanta atividade indevida, embora tudo nos leve hoje em dia a duvidar dos perigos da mais completa interconecti-vidade vivida.

E a vida, meus amigos — custei um bocado a admitir, custo ain-da, francamente —, tendo de viva apenas a roda diária entorpecente, pode atingir um tanto além, bastando para isso um raro e disputado bem: o tempo bem empregado.

Posso estar cansada, enjoada, obscenamente ocupada, tudo bem, mas algo em mim, uma vozinha tênue e chinfrim, insiste em que não deveria ser assim, muito pelo contrário. Das reações emocionais que me rasgam ao meio, o que se pode depreender é que a proporção das horas deve ser invertida, afinal, sem atraso ou argumento, sob o risco grave de perda total, do juízo ou do bom-senso conjugal, ok. Mas como se volta atrás de um delírio desses? Como se seca do peito contrito tão extensa e desproporcionada expectativa?

Ah, longe de mim lamentar-me sem remédio, juntar-me sem o vasto custo do tédio às hordas suicidas de desconsolados bem-sucedi-dos: é muito incômodo ver-se assim contida, vítima de tantos e tão in-voluntários compromissos, posso lhes garantir, à mercê das ocas consi-derações do econômico meretrício.

Opto por mergulhar no seu oposto indeciso, na falha abstinência de um ofício, antes que este me dissolva por mera falta de um limite lo-gístico; ou mesmo que num pódio apriorista se aproprie de mim aquela inclemente arrivista, tudo, menos a sensível artista.

O mais triste de tudo foi ter perdido junto à aposta o temporário exercício da graça, da verve, da vulva, deixando a tentação da vã disputa sobrepor-se à minha jornada dissoluta: até a horta lá fora reclama a dor do abandono, da hiperatividade insana, hirsuta.

Dos fios desconexos, desencorpada a presença diária à tela plana, plena apenas de um pensamento que engana, distorce, convence a vida de que também é plana — como um filme que a lente mágica aprofunda, confunde, mas que não nos toca —, resta do toque na tela o leve choque, um corpo inteiro reduzido ao dedo, à polpa, incorpóreo degredo.

Só a poesia salva. Só o repouso, mesmo forçado, regenera o cé-rebro e o resguarda do enredo, restaura, prova ao corpo que, ao fim das contas, é ser corpo sua intrínseca natureza. Meu reino é o da imagem oculta, de preferência bem digerida, expressa pela palavra culta; nado envolta nesse aluvião de culpa, chata como a dimensão da disputa que se autossequestra em estado de luta, pior: nega a si própria o remoto resgate, alguma força bruta que traga alívio a seu inevitável desgaste, somos humanos, algo mais que um eletrônico traste. Parei.

Neste fim de semana, confesso, pretendo estar tão perdida em vida como a exausta mente enovelada, curtocircuitada, que a custo se liberta do emaranhado em que se viu fisgada, de um mau (pre)texto no qual mareada se entranhou, foi ficando lenta, travada, tergiversada; uma hesitação que se estende ao teclado que a contaminou e ao *touchpad* que se arrasta, sinto que se prende, se agarra à limitada memória que, embora esgotada, nunca se rende.

O único remédio para mal tão dadivoso é desligar-se ao menos por um dia e uma noite, livrar-se do périplo de um circuito nervoso que à revelia da arte transmutou-se em assédio tedioso, eis aí.

Por ora, me demito de meu próprio autogerado mito. E se de verdade a mim mesma não minto, o que ainda claramente contesto, estarei no pleno usufruto de um simples, porém necessário, curto e tenso intervalo de um domingo.

Um bom. E tchau procês.

Yom Kipur À LA CARTE

Acabo de receber um convite para o jantar anual de *Rosh Hasha-ná* (ano novo judaico) em família na próxima quarta-feira. Não pretendo comparecer.

Estou muito ocupada para ir ao Rio, uma premissa, claro, já de antemão equivocada, pois o objetivo primário de qualquer ato litúrgico, ou data tradicionalmente festejada — da mais singela, como o domingo (no caso judaico, já que estamos falando nele, o sábado), à mais sagrada, como o *Yom Kipur* aí do título —, é justamente este: nos tirar da rotina massacrante, do hábito prejudicial e impactante de fugir dos problemas, dos prazeres, dos questionamentos, do que for que nos mergulhe num cotidiano mais desafiante, nos entupindo de coisas para ter e fazer, ufa. Já cansei só de escrever.

Ando cansada, é verdade. E tão estressada que andei tendo alguns episódios preocupantes de perda total de rumo e prumo, se é que vocês me entendem, porque eu, francamente, até bem há pouco não entendia.

Ao bendito (sem ironia, juro) e bem-vindo excesso de trabalho como editora na KBR, juntaram-se esta semana outros fatais ingredientes do bolo, bolo mental, digo, como uma nem um pouco oportuna — egoísta, exigente e hedonista — crise conjugal das boas, daquelas que desembocam em avessas loas e num antagonismo latente que, se pensar bem, e sentir melhor, fatalmente se verá que nem sequer na verdade existe.

Fui com calma. Tentei, pelo menos. Ainda estou indo, mas aonde, sinceramente, não sei, e não quero falar sobre isso agora. Embora a minha premissa de cronista seja acompanhar o dia-a-dia com tintas bastante realistas, em tempo quase real, sinto que pelo menos quanto aos últimos acontecimentos tenho a necessidade de um mínimo distanciamento, o tempo de destrincar os dentes, depurar a língua ferina, relaxar o maxilar trancado e resistente.

Cheguei muito perto do radical desentendimento, mas no último lance do jogo, recuei estrategicamente: medo e dúvida pousam na crista de um possível arrependimento e atiro sem dó — dó de mim, digo — pela janela do próximo futuro a possibilidade, a mera probabilidade de libertar-me de uma vez deste conturbado, porém profundamente conectado casamento. Não sei o que fazer.

Mas de volta à inevitabilidade do momento: quem faz tempo segue em livros a minha saga, sabe que, fatalmente, por mais que Deus e suas (nossas) carências divinamente civilizadas tenham perdido toda premência ou significado ultimamente, nesta época do ano retomo o contato com a sabedoria ancestral, claramente funcional, de um periódico acerto de contas com a minha própria mente. À parte os ritos originais da tribo, transmitidos por prévias gerações regularmente, e a necessidade latente de submeter-se a um poder superior, acessível somente por via da oração penitente, acho o máximo, quase divina, a ideia de um retiro meditativo de dez dias para avaliar os anteriores 355, sabem como é, pecados ou não, múltiplos e ao alcance de qualquer coração: o período transcorrido entre o ano novo (*Rosh Hashaná* ou "cabeça do ano", literalmente) e o dia do perdão (*Yom Kipur*, ou "dia da reparação", traduzido livremente) — do jejum, se for pra encará-lo mais superficialmente.

Pois é. O jejum: uma parada radical, o ápice da experiência do crente, uma entrega total aos desígnios da divina mente, um dia onde nada importa mais do que o balanço final de tudo o que se passou até ali com a gente — *heshbon hanefesh*, a "contabilidade da alma" segundo a tradução mais corrente — sem as distrações do prato cheio à nossa frente; a não ser, é claro, o prato frio do tempo perdido, das intenções frustradas, de tudo que se tentou e nenhum resultado nos trouxe a não ser um amargor de derrota inclemente. Como a vingança, por exemplo, ou um relacionamento rompido.

O caso é que embora eu tenha finalmente me livrado de superstições implantadas pela educação, pela constante supervisão, pelo treinamento intensivo da sociedade se impondo à minha cabeça inocente

— como noções de crime, pecado, castigo e perdão, pondo em risco a vida moral do sujeito em questão, submetida ao teórico julgamento de uma entidade acima de qualquer questionamento ou hesitação, argh —, gosto da sensação de aprimoramento proporcionada pela simples ideia desse mesmo julgamento que desprezo, descarto, despejo na gaveta oculta do puro condicionamento.

Tudo bem. Já não jejuo. Já não rezo. Já não espero ser perdoada ou aceita por uma autoridade qualquer, real ou de ficção, o que for, confesso: me desliguei disso, completamente. Mas daí a quebrar solenemente o jejum que já não faço rodeada de estranhos na mesa de um restaurante barulhento, como me propôs ao telefone a minha prima encarregada de preservar os rituais familiares de antigamente... há uma distância dolorosa e deprimente. Desse jantar, tampouco pretendo participar.

Me recolho solitária à ignorância do meu próprio futuro: não sei o que virá, o que vou sentir, o que o "destino" me reservará, quer dizer, o que sem querer estou, inconscientemente, a planejar para mim.

Desculpem. Venho tentando fazer graça pelas últimas três crônicas desta minha movimentada vida (que por minha vontade, nunca soberana, deveria ser calada e tranquila), mas tenho sido incapaz. Daqui a pouco eu consigo. Prometo.

O que falta pra fechar este capítulo do livro, um livro que escrevendo ou não a gente sente que vai sendo escrito, é a crença poética de que, a cada novo ciclo, certo Deus nas alturas nos envia a renovação periódica desta assinatura a que chamamos vida. Que na próxima semana "Ele" decida renovar a sua, a minha, a nossa.

E um bom domingo procês. Fui.

Recordar é trair

Alan sentado à mesa de jantar discorre longamente sobre a morte do homem condenado por seu apego ao chip de computador, segundo ele, o fim inevitável, pra dizer o mínimo, de nossa vã civilização conectada, a toques de vírus que a custo sobrevivem dentro do cérebro de alguma lagarta da qual se alimentam até que a matam, simbiose perfeita, enquanto a minha mente rarefeita se solta e vagueia à revelia do timbre de voz — impositivo e titubeante em um só movimento — que me condena, permeia, é, já amei este homem, amo ainda, quem sabe, mas ando exigente, intrépida, em ponto de fuga.

Pois é. Essa mania de pública vivência nos engessa a vida, cá entre nós. Como compartilhar um delírio que por si já nos intimida, e ainda por cima confessá-lo assim, cândida e globalmente?

Minha mente se solta e viaja no tempo até muito tempo atrás, sentada no chão no quarto dos meus pais. Dizem que a memória me falha, mas revejo tudo, em mínimo detalhe, a cor do tapete e o toque da madeira enquanto falo ao telefone com fio, em chamada de longa distância, à revelia de meu pai, com George, meu primeiro namorado (tínhamos muito assunto, francamente), "mas, pai, ele está pagando a ligação!" O que mais poderia estar incomodando ao Abraão? Uma saudade pungente enobrece tudo, pai, mãe, o amor do garoto, todos mortos ou quase.

Eu o conhecera recostado no último banco de um ônibus paulista, revejo a cena com tons impressionistas: chapéu marrom derrubado na testa — duro, de aba, coberto de escudinhos como na época se usava —, os jeans desbotados, dezesseis brilhantes anos, a camisa xadrez em tons de azul e cereja e muito mais, a frase solta que me serve de escolta, nossa, há quanto tempo isso não me perturbava: "Palavra que eu adorava aquela franja que você usava" — e que meu pai, por sinal, condenava, dizia que por causa dela eu ficaria cega. Delícia.

Penso no garoto que me deixou, nas cartas lindas que ele me legou e que num acesso de fúria destruí. Para sempre. Irremediavelmente. Lembro-me tão bem disso quanto de que, por conta de nosso desencontro, tive um precioso encontro com a mãe amorosa que nunca soube estar ali pra mim, a não ser com a honrosa exceção daquela noite na cozinha em que meu mundo tinha encontrado um fim, o primeiro abandono que sofri e o copo de leite que ela esquentou pra mim.

Penso no garoto e nos dois dentes da frente, tendo entre eles um vê invertido quebrado que lhe dava, dá ainda, um charme a mais, será que ele também se lembra tão bem assim? A dor me faz voar longe, alto, onde a realidade se esconde de mim; tento ver no brinde sagrado de sábado outro sorriso, um rosto diferente: teria sido melhor do que este conflagrado casamento? O outro também rezava tão bem, me lembro bem, depois da refeição o *Birkat Hamazon*[8] cantado de cor do começo ao fim, nossa, será que ele se lembra tão bem assim? Da serenata de Beatles que ele dedicou pra mim?

Pois não faz muito tempo o reencontrei, os mesmos dentes, o mesmo ar de garoto, mas por dentro com certeza algum coração roto, como todos nós. Meu amigo mineiro se surpreendeu, quando me leu, com a força, o frescor, o ofensivo ardor adolescente que imprimi ao sexo maduro em meu romance real, ao nosso, digo, de Alan e meu, uma rara história de amor que hoje ameaça esboroar-se no patético destino de toda maturidade humana comum, habitualmente tediosa, seca, amargosa, que sina, hein? Fujo dela com fervor.

E no refúgio em que me aconchego, entregue à fantasia insana, refugo, enceno a lenda pregressa onde todo amor tem a primazia; vejo-me casada, como nos tempos de cólera de Garcia, com aquele namorado da adolescência, depois que as perdas da mais profunda vivência nos atirou finalmente nos braços procrastinados um do outro, tantas vezes

---

8 Oração judaica cantada para dar graças após as refeições

desprezados por outros e também um pelo outro.

Mas qual. Cada vida é sempre a mesma vida, e aquele senhor vetusto, que aos meus olhos da memória parece o mesmo garoto, deve dia após dia reclamar de dores, incômodos, horrores, francamente, como é duro envelhecer!

A cada dia que passa menos vida por vir e pouca chance de graça; a não ser que, por um desvio irônico do destino, duas almas que se deixaram partir por quase nada tenham se mantido internamente incólumes, frescas, em algum recôndito ponto inteiras emocionalmente, virgens, intocadas, à espera de um milagre de ficção que as reconduza antes da morte ao encontro fatal...

Respiro fundo e me levanto da mesa. À guisa de rebeldia, evito a sobremesa; não me entrego como de hábito ao triste desencontro verbal que ao longo destes tantos anos tornou-se banal, desprovido de qualquer interesse, tornando-se finalmente apenas aquilo que realmente é: um mero desencontro cultural que o assombro da internet fez passar por irrelevante e natural, mas que, aparentemente, não é.

Contra tudo o que Alan desejaria — ao perdão de que gostaria, mas que nem morto pede, e que sem pedido formal faço questão de não conceder —, em vez de sentar-me com ele na franca intimidade de um bíblico dia de descanso, pego o notebook desafiadoramente, "um texto me assalta", digo, "preciso render-me", ele me critica, me reflete ridícula sem conseguir fazer-me rir como habitualmente, em seu gestual estudado de mímico criativo, "tão importante ela, diz que escreve, que é escritora", emocional excretora, goza, vai, enquanto opaca frente a ele e transparente frente a mim mesma me deparo com o pecado explícito que não é servido à mesa: recordar é trair.

E um bom domingo procês.

Clubinho do Silício

A pergunta está em todo lugar, basta se ligar: "Como o incrível Steve Jobs marcou sua vida?"

Pois é. Steve Jobs faleceu recentemente e eu também gostaria de comentar, de ter uma homenagem sincera para prestar, mas estou perdida, desesperada com dois ou três vídeos gravados ao vivo no meu tablet espetacular, que não consigo de jeito nenhum tirar de lá, burra, eu, enquanto procuro frenética na web um santo driver para baixar... Meu Deus, não consigo fazer essa coisa funcionar!

É, vamos combinar, coisa demais pra me preocupar; chego à conclusão de que, se é pra marcar, Jeff Bezos, com a complexa simplicidade em tudo que ele nos traz, me marcou muito mais. Steve Jobs mudou o mundo, mas foi a invenção do Kindle que mudou o *meu* mundo. O resto ficou complicado demais, e se complica cada vez mais.

E foi pensando nisso que percebi que com tantos gênios conectados, empenhados em transformar a nossa consumada rotina, quero dizer, consumida, através dos Facebooks, Googles, Amazons e Apples desta vida, mais um tanto de gadgets inúteis acumulados — e depois de um período de empolgação fatalmente abandonados, criando tráfego em nosso trôpego cotidiano ultratecnologizado (ui!) —, pensem bem, não há mulher nenhuma nesse ninho de cobras, cobras no bom sentido, claro. Por que será, hein?

Penso na minha vida em seus últimos dias e vou, mais ou menos, entendendo a razão. Como vocês sabem, tento todo dia meio na marra e com birra de artista invadir esse superprivado clube do Bolinha (ui, gíria chinfrinzinha, do tempo em que sequer um prosaico controle remoto tinha) com minha editora metida entre os gigantes digitais, ufa, única desde a criação e uns dez minutos à frente de suas concorrentes terminais, contradição, sem falsa modéstia de minha parte. Quem me segue, sabe.

Talvez seja mesmo por isso que meus insanos delírios cotidianos, onde me vejo lado a lado com aqueles brilhantes garotos hipercerebrados — eles no vale deles e eu cá no meu — não passem disso: delírios, ah, verdade, eu já ia me esquecendo de contar a razão, não é mesmo? É que de tanto pensar, meu cérebro começa a querer se ausentar: por eu ser mulher e ter que me virar, sem ter quem me pague para especular...

Vou indo. vou indo, mas num determinado momento que nunca é bem-vindo, a mente para, se cansa, compara o metálico tédio de todo esse silício oculto à majestade orgânica do verdadeiro vale à minha frente enquanto escrevo, um vazio habitado cercado de montanhas por todos os lados — que é o que vale, não custa lembrar.

Pois quando a tempestade eletromagnética tão ampla e catastroficamente anunciada por meu querido e crente marido finalmente se desencadear, só mesmo este nosso Vale, com sua imponência de pedra e seu sossego imbatível, irá contar. Todo o resto se apagará, incluído o vale deles lá e os trilhões de dólares soltos a flutuar, insolventes, hoje inexistentes, transformados em bits e bytes inconsistentes sem padrão-ouro ao qual se ancorar, em busca de um bolso mais influente por onde se enfiar: é grave a crase!

Alan avisa: o mundo está para se acabar (e não esquentem, 2012 já vai chegar). Foi inaugurada esta semana, no Irã, uma central nuclear — explosiva mistura de tecnologias russa e alemã, ambas obsoletas, pagas em cheque sem fundos desde o tempo do Xá —, perigosamente instalada sobre uma fenda prestes a chacoalhar, pobres de nós, teremos urânio na hora do chá, e eu preocupada em publicar alguns vídeos encalacrados que não consigo compartilhar, nem por um cabo que me parta; é de amargar.

Enquanto isso, o universo político, pelo menos isso, vai se infeccionando de feminilidade, uma possível e um pouco implausível sensibilidade. São presidentes, diplomatas prementes, e entre elas o prêmio Nobel da paz mais recente — dividido por três, irmãmente —, uma faxina universal para os males deste mundo, Dilma que o diga.

Quanto a mim, tenho a acrescentar que depois de dois meses duros de roer tenho a vaga e enganosa impressão de estar finalmente do lado de lá, da paz, da calma milenar; só falta eu entender de verdade qual é o meu lugar, e descansar da luta por dois dias ou três.

Um bom domingo procês.

16/10/2011

Os idos de outubro

Alan chega para o café vestido de moletom da cabeça aos pés: malha de manga comprida, calça também comprida e meias, sei lá por que, nem no auge do inverno ele gosta de se vestir. Vou logo criticando o figurino incomum, eu critico tudo, certo, mas estamos em meados de outubro e o horário de verão acaba de começar, é o Hemisfério Sul, sabia, querido? Ele não quer saber, não é o calendário que lhe diz como viver, sentiu frio e pronto, eu que sou menopausada que me entenda com as minhas camisetas molhadas, e tome de aquecimento em nosso quarto, pô, peraí.

Chove lá fora, tudo úmido e cinza, graças a Deus (fora a confusão do diário, porque hoje é sexta e esta crônica só sai no domingo, vocês me entendem, desculpem aí se o dia estiver ensolarado e ainda por cima com a confusão do novo horário), quer dizer, finalmente passou aquele ardente perigo que dura uns três meses mais ou menos — e eu nem bem os vi passar, não custa lembrar —, quando a mata lá fora briga o tempo inteiro contra seu muito provável destino incendiário, ah, tá bom. Não foi só pra rimar, não, aqui na serra longe do mar a coisa arde de verdade durante uma seca que nunca falha, nunca deixa de incomodar.

Depois vêm as chuvas, que são de novembro e com um pouco de sorte, de outubro como desta vez, mas nunca de março como Tom Jobim as fez, eternizou, digo, inspirado, aliás, pelo vasto lamaçal que ao final da estação das chuvas — verão para os não tão íntimos do nosso clima regional — tomava conta do sítio dele que ficava aqui perto, não sei bem onde. Taí. Alan sempre diz que "tudo começa em algum lugar" — e ele sempre tem razão, mesmo quando eu afirmo que não —, a gente só não sabe onde vai parar, como as águas de março do samba, por exemplo, nos últimos tempos promessa de morte e não de vida por conta das múltiplas inundações. Ui.

Março é um mês bem desgraçado, vamos combinar. Afinal de contas, é quando o ano de trabalho está marcado para começar, o ano letivo, o ano astrológico e mais outras drogas de que já não me lembro para atrapalhar, não a mim, que sempre gostei de trabalhar e estudar, tá bem, sou estranha mesmo. Mas por conta disso caí neste vício que é amar o português, embora contra todos os males do ofício só tenha aprendido a amar de verdade em inglês, vai entender.

Porque eu, cá entre nós, entendo cada vez menos, embora escreva — ou pelo menos, edite — a cada dia mais, numa campanha inaudita contra os maus machados que nos assolam, digo, o "Mal de Machado" — gente que pensa que domina a própria língua, sabem como é. Afinal de contas, a reclamação não é minha, mas de uma amiga que é copidesque profissional e desabafou comigo no outro dia, um mal universal que perturba o mundo editorial. Quem nunca sofreu por ênclise tire o primeiro hífen, ai que essa me doeu, desculpem-me, não consegui me controlar.

O caso é que hoje em dia a minha rotina oscila, bipolarmente, entre aprimorar o português alheio e me expressar num inglês que eu mal domino (é o que Alan diz), não custo a abominar, principalmente agora que enfrento sessões diárias, de duas horas no máximo — homeopáticas para a gente não se pegar —, com meu ilustre sócio e marido de um lado da mesa, eu de outro, e um texto traduzido no meio, coisa que não desejo a ninguém. Haja cérebro para exercitar, porque o meu, já contei pra vocês, anda desesperado pra se desligar.

Estamos encalacrados ainda, podem acreditar, naquela mesma tradução a que me referi muitas crônicas atrás, Alan com um refinamento de diamante que nos impede de seguir adiante, nada parece adiantar. É um buraco negro que engole, tem engolido, pelo menos, qualquer tradutor que decide se arriscar, me acuda, Joaquim Maria, como custa caro caprichar, hein... Não aguento mais.

Enquanto a tradução prossegue em seu processo infinito de se apurar, nosso humor conjugal a persegue sempre a variar: crises domésticas fora, já ri e chorei inúmeras vezes com a mesmíssima passagem

— que, embora lógica em português, soa absurda em inglês e parece não terminar nunca —, mas vamos lentamente progredindo em nosso atentado, nosso encontro abençoado, digo, se de bênçãos eu realmente me valesse, entre o ponto e vírgula e o travessão, sem "ponto, parágrafo" pra nos consolar. É de amargar.

Nosso último debate, por falta absoluta de coincidências que nelas já não confio, girou em torno de uma concepção poético-elizabetana que Alan houve por bem imprimir a um texto que já se lapidou tanto, mas tanto, que acabou por engano não em brilhante, mas num safado telefone sem fio, não sei se choro ou rio: "destinos em marcha" viraram "*fates in march*", depois "*the ides of March*", que, como todo mundo sabe, é como Shakespeare anuncia o assassinato de César no dia 15 de março, no calendário romano os famosos "idos de março" — "idos" significando não o "passado" como pode parecer, mas a "metade", vindo do latim *idus*, quem ouve se engana —, e que na eternidade shakespeariana viraram maldição em boca de adivinho, "*beware the Ides of March*", ah, tá bom, marche-se com um ruído desses. Meu destino é sofrer. Francamente.

E um bom domingo procês.

Kadafalso:
O FALSO PODER QUE NOS COMOVE

Dilminha reclamou. Obama aprovou. Hillary adorou. E eu... Bem. Entre os três meu coração balança. Não cai por nenhum.

Nossa Dilma, todo mundo sabe, tem que honrar, custe o que custar, a espúria tradição de poder petista, afinal de contas Lula já tinha afagado em público o facínora agora morto lhe apertando a mão, a mão suja, suja de sangue, digo — do sangue sabe-se lá de quantos milhares de inocentes, alguns deles reconhecidos devidamente, e com o maior orgulho demente. Francamente. Nunca pude engolir, mal consigo pronunciar seu nome: falo daquele atentado absurdo em Lockerbie, Escócia, que inaugurou na década de 1980 a nova maldição a bordo de um avião — uma guerra suja também, imunda, sentença de morte contra cidadãos americanos sem culpa nenhuma, que conheceria seu auge poucos anos depois pra todo mundo ver. Ao vivo. E pela tevê.

Nesse meio tempo, as táticas terroristas árabes (hum, agora hesitei: será que qualificá-los qual farinha no mesmo saco é algum antiarabismo de minha semita parte? não sei, pode ser) tiveram todo o tempo do mundo para se aprimorar, se afinar, se preparar condignamente, sempre discretas, imiscuídas em território inimigo, digo, no campus do inimigo, onde as melhores técnicas da época eram livremente divulgadas, espertos, não?

Tudo bem. A gente já sabe que os petistas de Lula rezam de vez em quando por aquela bíblia antiga dos tempos de Pai Getúlio, que entre os novos direitos trabalhistas incluía na encolha, argh, engasguei de novo, uma discreta aliança com os objetivos evolucionistas dos supremacistas arianos, que triste memória, ninguém lembra mais nada disso, lembrar pra quê, não é mesmo? O rumo da história se encarrega de parar no filtro a borra da vergonha, é sempre assim, deixa passar somente o límpido cafezinho da glória que todo mundo gosta de tomar em seus gostosos intervalos para descansar. Mas eu sempre me pergunto, nunca deixo de me perguntar, por que essa insistência do Brasil em apertar as mãos erradas, vamos combinar.

Alan me explica: trata-se aqui, no caso de Dilma, pelo menos, sem mais nem menos do maior negócio do mundo em termos de venda de galinhas, é isso mesmo, o Brasil é o maior exportador mundial de carne de frango para o mundo árabe, toda certificada pela autoridade muçulmana como própria para consumo. É muito dólar pra desprezar-se o insumo, sabem como é. Aliás, e a propósito, vocês sabem o que significava o termo "galinha" no meu tempo, quer dizer, até há bem pouco tempo? Bem. Melhor deixar pra lá.

O mesmo Alan me conta uma piadinha malvada (dizem que os homens nos excedem na arte de fazer graça), mas bem adequada no contexto: "Sabem qual é o único jeito para um árabe chegar ao século 21? Uma passagem de avião". Pena que nunca se sabe se chegarão mesmo ao destino, destino do voo, digo.

Bom. Mas agora chega de preconceito, que isso não cai nada bem, e vamos à reação de Obama. Obama, como todo mundo sabe, foi eleito adoçando a boca, quer dizer, amealhando votos da boca pra fora, por conta do discurso brilhante do melhor autor de sua equipe — ou vocês acreditavam que era ele mesmo que escrevia? Eu, sim, né... E antes mesmo da oportunidade de marcar sua primeira touca já foi sendo agraciado com o Nobel da Paz, vocês se lembram. Vibrei. Eu, afinal de contas, contra tudo aquilo que meu amado marido me conta, fui obamista convicta desde criancinha, desde a infância política do candidato, digo, de onde ele aparentemente não saiu até hoje. Isso, na melhor das hipóteses, porque na pior, o caso dele é de malícia explícita, corrupção, falta de coração. Desde então, os Estados Unidos não pararam mais de falar em guerra, vai entender. E nem de alardear sua expertise em combater, durma-se com um paradoxo desses.

Não faltou, por exemplo, quem dissesse na imprensa que na sumária execução do "Monstro de Sirta" estava o nada discreto dedo guerreiro americano, que mesmo em óbvia depressão econômica, ou até mesmo por causa disso, nunca para de apontar. Até aí, tudo bem também, mas, cá entre nós, a desastrada declaração de Hillary a respeito do assunto ainda vai acabar bem mal, podem escrever. Tem gente que nunca sabe como e quando calar seu parecer, como eu, por exemplo. Já fui longe demais, é hora de reconhecer. E também, por outro lado, de deplorar esse sujo jogo de poder: vocês sabiam que uns meses atrás o *New York Times* publicou um texto assinado pelo bandido executado? Custei a crer, e duvido que hoje em dia alguém consiga reler. Procurei no Google pra vocês, mas já não encontrei, abafado pelos milhares de links sobre o líder líbio que acaba de morrer. Assassinado, claro.

Fica faltando então eu confessar o que penso sobre mais esta execução sumária que nos empurram goela abaixo, mais uma vez pela tevê: primeiro foi Saddam, depois Osama e agora Muamar, três cabeças islamitas estraçalhadas, exibidas no videoposte ocidental, ao que parece é o novo estilo de esquartejamento parietal, ops, errei, creio que me enganei: a de Osama não foi assim, mas anunciaram e garantiram que o corpo dele foi salgado e depois afogado no mar de nossas mágoas cívicas mais profundas, argh. É justiça pra (quem fala) inglês ver.

Eu, por mim, me confesso cansada dessa merda toda jogada cotidianamente no ventilador, desculpem, por mais que os filhos da puta bem o mereçam. Prefiro viver num mundo mais tranquilo, que embora à distância dê maior importância ao encontro que ao vacilo, mesmo que um dia um acidente magnético possa fazê-lo desaparecer de uma hora para outra. Até lá, a ciência promete mais uma vez, nosso cérebro terá aprendido a amar de verdade, ou, pelo menos, aumentado sua capacidade de processar, não o preço, mas o valor da verdadeira amizade. Não vejo a hora. Esta será a nossa primavera de verdade.

E um bom domingo procês, meus caros milhares de amigos. Estou aí pra vocês, podem confiar.

O GANHAPÃO E SUA PAGA

O coelho capota em seus pesadelos. O coelho capota em seus pesadelos. O
coelho capota.
Marcelo Mirisola*, Charque*

Taí. Alguma vantagem tinha que ter esta vida de editora, dura, po-rém, muitas vezes compensadora, gente, eu rimo, sim, mas não é por mal. É pro bem, bem de quem não tem (aptidão pra rimar), sabem como é.

Eu rimo, e conto pra vocês por que: primeiro, claro, porque as-sim me ocorre, flui, e quem segue o fluxo não morre (ui); segundo, porque, vocês sabem, embora eu renegue o fato, e o seguirei renegan-do até o último suspiro, sou bruxa, e todo encanto cravado, para al-guns, feitiço armado, baseia-se numa premissa muito simples: a rima. Podem conferir.

Vai daí que rimo tão somente para encantar vocês, enlevá-los, levá-los no embalo, pra que me adotem sem que sequer o sintam, ui, se consigo não sei, me digam aí vocês. Novesfora a ironia cotidiana, claro. Esta, aprendida aqui e ali com o rumo da vida, aprimorei com o mes-tre da tropa, James Joyce: leiam o que escrevo, mas não acreditem em nada daquilo que publico. Nadinha (em meu próprio nome, não custa ressaltar).

Tudo isso pra justificar que recebi esta semana um presente bem bacana, um exemplar dedicado e autografado do novo livro do Mirisola, Miri, Marcelo — como o chamo entre bem poucas pessoas, ele é que me diz, ai, somos íntimos, intimidade do autor com sua editora, uma das, pelo menos —, antes que chegue de fato ao mercado, quer dizer, à Mercearia: *Charque... uma autobiografia, vá lá* (sem os trespontos).

Confesso que me animei, adoro autobiografias, mesmo porque as pratico — ainda que não passem de mentiras, ou, suavizando, autoficções —, afinal de contas, vida de escritor é ver a vida sob a lente infame da escrita apesar de que o que se vive nunca se escreve de fato, para, respira, apenas a versão revisada, revivida, editada, começo, meio e fim. Eu que o diga.

Pois fiquei sabendo não faz muito tempo — através de uma discussão na internet sobre a futura tradução para o inglês de *Joana a contragosto,* a sair qualquer dia desses pela KBR (nosso prazo final, decretado pela Biblioteca Nacional, é 2012, se o mundo não acabar e o Alan não me matar, e blablablá) — que toda a obra do Marcelo é autobiográfica, o que, francamente, me surpreendeu: no final das contas, o livro aconteceu a contragosto de Joana ou de MM, ego do autor? (sem o "alter", por favor.)

A partir daí, devo confessar, meu interesse no escritor, que já era grande, ainda aumentou. E esta crônica seminal, eu sempre lutando pra não soar banal, era pra ser uma resenha normal do novo livro dele (não é da KBR, mas da paulista Barcarolla), que terá seu lançamento nacional no dia 31/10, das bruxas, será que ele percebeu? Deve ter percebido, porque, cá entre nós, o cardápio da noite será digno de um bom caldeirão — sapos, aranhas e cobras, dentes de leão? não... mas um bom jegue ressecado puxado na manteiga —, peraí que vou ali tomar meu Meclin e já volto, abre o parêntese, Meclin, pra quem não sabe, é o remédio contra enjoo e vertigem que Dr. Alan G. de Google Sklar receitou pra mim, mas o meu problema, todo mundo sabe, é estafa e estresse, tudo bem, mais um ponto hitchcokiano para o assassino que meu marido oculta, depois não digam que não avisei, fecha o parêntese, jegue este do qual para meu desencanto passarei longe, ainda nem entendi que *cazzo* de jegue é esse, pois charque é de boi: seria outro ego do autor? Ops, meu, Miri, desculpe aí. Vai ser na badalada Mercearia São Pedro — segunda, agendem —, que ao vivo eu nunca vi.

Não entendi o jegue, me explico, porque embora eu muito o desejasse não consegui ler o livro a tempo da resenha, e dia de crônica tem que meter a lenha, não tem desculpa. Por outro lado, também, porque comecei a leitura, como toda boa prática recomenda, pelo texto da contracapa, onde muito claramente estava escrito: "fujo das rimas e trocadilhos como o diabo da cruz", mas não das frases feitas, né, mentira, li foi mesmo na página 10, ainda na "nota do autor", e até sublinhei com a minha Bic vermelha, parei, respirei. Dei uma parada e fui ver tevê para desopilar o fígado. Mas eu volto ao livro, Marcelo, volto sim. Pode escrever. Mesmo porque fiquei muito aliviada ao saber que o risco de suicídio já passou do ponto pra você. Ainda bem.

Mas então, diriam vocês, se não há resenha, por que puxar o assunto do tal livro? Bom. É que uma linha, uma só em especial, no texto inteiro de Márcia Denser a respeito do mesmo, me falou ao coração, "... o menino de Pinheiros, bochechudo, rico e bem careta" e já conto por quê.

É que faz algum tempo uma conhecida minha me acusou exatamente do mesmo crime — bem, digo, do "bochechuda" ela talvez não saiba nada porque este trauma, pelo menos, ficou bem longe no passado da menina de Belô, tudo bem — de ser "rica", e por conta disso incapaz de produzir qualquer texto que fosse que despertasse o mínimo interesse em quem quer que fosse, meros caprichos de quem não tem o que fazer, nada pra sofrer ou sobre o quê valha a pena escrever. É mais fácil um camelo vencer no mundo da caricatura do que um rico herdeiro adentrar o reino da boa literatura, não é mesmo? Não que La Denser tenha significado isso, muito pelo contrário.

Não sei. Já faz tanto tempo desde que eu tive dinheiro que não era meu que tudo o que me lembro é a dor que minha "alma" — ou cérebro, ou sistema nervoso, sei lá — sempre sofreu, sei lá por quê. Não fui abusada, nem maltratada, nem abandonada ao meu próprio excesso de sorte, simplesmente nasci assim. Fazer o quê.

O que não custa lembrar, neste vasto panteão de injustiças — cometidas, impensadamente, abre o parêntese, todo advérbio deve vir entre vírgulas, aprendi esta semana, ainda que, tardiamente, com um professor de português, fecha o parêntese, contra escritores que de alguma forma se dedicam à escrita por ter de alguma outra fonte, quiçá menos doída e deprimente, o sustento de que qualquer um necessita para sobreviver neste mundo de tablets e gadgets sem os quais não se pode mais viver, ufa —, é que as grandes obras literárias do passado foram escritas, ou por quem tinha dinheiro, ou por quem vivia sustentado por quem tinha dinheiro, até Joyce, podem acreditar. Não fosse um bom bando de mulheres achando que o que ele fazia deveria continuar sendo feito, ainda que custasse a quantidade enorme de libras que acabou custando, não teríamos *Ulysses*, nem *Finnegans Wake* e nem mesmo o mais básico *Retrato do artista quando jovem*, quem iria querer viver num mundo desliterado como esse, hein?

Segue o conselho destemperado, inevitável desde que voltei, na pele de editora, *a mourejar por um ganhapão e sua paga*, e imoral, pois história alguma vale coisa nenhuma se não houver nela implícita uma falta obrigatória de moral, confrontando a banalidade social: paguem, sim, para escrever.

O publicado, meus amigos, pode resultar impagável, preciosos fracassos da mídia, podem crer. E tenho escrito.

Um bom domingo procês.

06/11/2011

O CONSCIENTE COLETIVO

Se tem uma coisa que me interessou, e está me interessando, nessa biografia autorizada de Steve Jobs que estou lendo, não é, certamente, a bipolaridade mais amplamente festejada das várias últimas gerações — pois é, imaginem, com toda a propagada prepotência, o guru da era conectada permitiu a uma terceira parte interessada mostrar ao mundo quem era realmente a mente por trás da pecaminosa mordida do conhecimento, isto é, da maçã, já sem a carga do pecado —, um merda ou um gênio? E a que preço?

A gente descobre, depois de algumas poucas páginas tediosas recheadas de detalhes para *geeks* que parecem não terminar nunca — merda, mais um travessão: Jobs não era exatamente um versado em tecnologia, mas um gênio da mercadologia, marketing, para os íntimos, ao contrário de Bill Gates, um *nerd* típico cujo maior defeito é nunca ter se drogado realmente, digo, nunca ter deixado a consciência esvair-se num patamar mais elevado do que normalmente (é o que eles dizem) —, que se trata na verdade da história empolgante de como uma mente delirante, ao decidir apagar do entorno de si qualquer detalhe prejudicial ao seu projeto mirabolante, por mais concreto que esse impasse seja, consegue mesmo materializar o que antes existia somente em seu mundo imaginário, é isso aí.

Todos vocês, nós, de acordo com Jobs, ao incorporar nosso cotidiano à tecnologia que ele nos impôs (e não o contrário) — merda, mais um travessão: impôs porque a gente quis, claro, e viu que era bom —

passamos a participar, com vontade ou sem, sabendo ou não, da consciência ampliada antes só franqueada aos tomadores de LSD.

Jobs, pasmem, não criou seu projeto enfurnado numa sala qualquer de uma faculdade, sequer, faculdade mental, merda, mais um travessão — se a gente for por aí, acaba descobrindo que em pelo menos um detalhe os gênios por trás de nossa era conectada concordaram, em gênero, número e (colação de) grau: deixaram pelo meio a universidade, um tédio para sua capacidade, instituição ancestral em pleno processo de demolição social que eles mesmos se encarregaram de tornar mais ultrapassada ainda, imaginem se isso chega à garotada, adeus, Enem —, nem mesmo numa garagem entulhada — fase bem divulgada, mas que durou bem pouco —, mas em *ashrams* de meditação, no Oregon ou na Índia, pouco importa aonde, que na verdade não passavam de corrupta empulhação: Steve vivia mesmo em sua própria criação, e não deveríamos todos?

O que me fascinou de verdade foi Jobs ter se colocado na fronteira entre a tecnologia e a humanidade: um artista, segundo ele mesmo, quase como meu marido Alan, merda, outro travessão — como vocês já sabem um escritor que não escreve, um cartunista que não desenha, um escultor que não esculpe, um mímico que não gesticula, e, pior, um empresário magnata que não faz nenhum dinheiro, bem, vamos combinar que neste último quesito a comparação com Jobs tende a fracassar —, americano como ele e como ele um "*free spirit*" difícil de se aturar, com a diferença que Jobs soube muito bem se fazer acreditar e, com isso, amealhou capital suficiente para se estabelecer. Cada qual com seu carma, fazer o quê, como diz uma amiga minha a gente é que escolhe com que grau de sofrimento se dispõe a viver, isso, claro, numa esfera divina à qual um dia se pretende ascender.

Já se fosse eu a me comparar ao Steve, vocês me entendem, a gente só gosta mesmo de um livro se conseguir comparar-se ao personagem crucial, merda, mais um — fora eu também pretender me posicionar nesta dúbia transição entre arte e tecnologia, no meu caso, como vocês sabem, entre o suporte (ebook x livro) e seu conteúdo (literatura x qualquer outra porcaria) —, o que temos em comum seria pouco mais do que o intrigante tom laranja da pele que eu exibia quando Alan me conheceu, proporcionado por dietas malucas e um desproporcional teor de betacaroteno, além, é claro, da férrea vontade adolescente de encontrar para esta vida um desígnio superior, que para mim acabou em nada, mas, para Jobs, em incorporar-se como o próprio Criador.

Resta como conclusão uma bela receita de como vencer na vida, mais uma, com um tremendo esforço e algum reforço, merda, mais — o tremendo esforço daqueles que você convence, caso tenha mesmo A Força, a embarcar contigo na mesma alucinação inovadora, onde apenas a dúvida questionadora tem o poder de atravessar seu impulso irresistível para produzir uma grande coisa, envolvente, óbvia e comovente, tão intuitiva e sem complexidade aparente como parece ser a própria natureza.

Pena que essa simplicidade conivente, pelo que pude tocar e experimentar até o momento presente, ainda esteja um pouco longe de ser incorporada aos nossos neurônios automaticamente, merda — com um dendrito que seja, preso aos hábitos analógicos de antigamente. Chegaremos lá.

O que há de genial nisso tudo não foi Jobs quem criou. Fomos nós todos, creiam, cá entre nós que ninguém nos diminua, pois o que seria do fio se não fosse a eletricidade? O que seria da conexão se não fosse o conteúdo propagado? E, pra completar, como o Alan diria... o que seria da nossa geração se não fosse a bateria?

Bem. Uma coisa é certa, isto é, de uma coisa Jung estava certo: existe, sim, uma mente coletiva, um arquétipo que excede hoje em dia a nossa vã tecnologia, embora por ela tenha sido elevado a uma nova categoria — a de seres conscientes deste coletivo imponente, que faz da nossa humanidade um todo integrado, contagiante e infestado de consumo, de um desejo insatisfeito que a todos contamina.

O que não existe, a gente inventa, digo, sempre haverá alguém que o invente pra gente, como diria Deus, ops, Jobs. E um bom domingo procês.

P.S. — Depois que terminei a crônica, Alan me lembrou de tantas idiossincrasias de Jobs que não mencionei, pô, merda, mais um, juro que é o último travessão — nada como multiplicar 2547 por 745398 em um segundo e sem calculadora, mas, isso sim, como a mania de andar descalço e de reduzir ao mínimo impossível o hábito de tomar banho, ou de tentar hipnotizar quem atravessasse o seu caminho com um mero olhar —, que acho melhor, francamente, vocês lerem o livro. Está em todas as livrarias, e não se deixem enganar por tanta gente querendo tirar sua casquinha: o legítimo e autorizado foi escrito por Walter Isaacson, publicado no Brasil pela Companhia das Letras com tradução de Denise

Bottmann, uma fera.

Ah, e só mais uma coisinha, é tanto assunto que já não consigo dar expediente na cozinha, e depois, prometo que libero vocês para os poucos minutinhos de lazer no domingo, afinal de contas, somos todos filhos de Jobs, fazer o quê: Alan me conta que leu em algum lugar que as últimas palavras do homem foram exatamente as mesmas primeiras que disse nosso filho David — nosso é licença poética, claro, mas o amor é (quase) o mesmo — neste mundão de Deus, quando se viu humano na praia de Waikiki, no Havaí: "Oh, uau!"

13/11/2011

SEM ESSA, ARANHA.

Não sei se foi por todo o gênero aracnídeo ter se ofendido com meu comentário paulista, digo, na Paulista, onde uns meses atrás, sem grandes sensibilidades de artista, enfiei tudo que é ultrapassado e derrotista na mesma teia fatalista... Terei comido alguma mosca, eu? Francamente.

Pois hoje a mosca sou eu, e sendo comida, imaginem. E não se trata daquela mosquinha curiosa que qualquer expoente do ramo daria tudo pra ter sido nesta madrugada de domingo, vamos combinar, voejando para especular o que acontece de fato por trás das telas sensacionalistas, enquanto a nossa polícia, bota aspas, pacifica, fecha aspas, a mais importante das favelas cariocas — aquela, que no início da carreira de cronista eu via de todas as janelas do meu apartamento, em guerra constante sendo combatida, sem excluir a bala perdida, claro.

A coisa é tão importante que pela primeira vez neste blog, ops, livro, deixei para escrever a crônica no calor dos acontecimentos do próprio domingo, nada da já enjoada ficção mofada das sextas-feiras.

O caso é que meu encontro fatal — ou fadado, predestinado, sei lá — com a aranha maldita ainda estava para acontecer. Tínhamos nos tocado pela primeira vez no Planalto Central, quando eu, deprimida, egressa da capital e fugida de um casamento que tinha tudo para ser normal — descontado o fato de o noivo ter sido encontrado na mesma cega teia, vocês sabem, a mesma que hoje em dia a todos norteia —, mas que terminou numa inconfessável, temível e terrível humilhação, despertei certo dia com a face direita inchada, vermelha e congestionada. E não era de tanto chorar, gente, não.

O motivo era bem mais pra baixo, bem perto do chão, onde eu dormia num estrado pós-*hippie* sobre um tênue colchão, e nele uma aranha me mordeu. Foram quinze dias de pleno intumescimento, e nada que eu fizesse a respeito me ajudou de verdade naquele momento triste, garrafadas, rituais, curandeiros locais ou preocupados conselhos de amigos virtuais: só o tempo, a paciência e um vicioso otimismo para poder vencer, além do rosto inchado, a dor de um coração mortificado... é isso aí.

Daquela vez, escapei. Me imunizei. Sobrevivi. Voltei ao meu estado habitual, empacotei a decepção mortal e prossegui para tudo aquilo que o futuro me reservou, ah, mal sabia eu.

Para abreviar a longa história e encolher outras tantas teias, peçonhentas ou não, nas quais me meti ao longo desta bendita vida, acabei nesta existência beatífica em outro cantão selvagem do mesmo Brasil, ao lado de outro marido que àquele sucedeu — como todos sabem, um estrangeiro desta vez, que nestes amores de internet o planeta inteiro é o mesmo e único país. Pelo sim, pelo não, quando se trata de amor, somos todos estrangeiros, não é mesmo?

Mas de volta à aranha, pois é, é tudo a mesma velha teia: nos reencontramos pela primeira vez naquela terça-feira banal, bem no meio do dia, quando, lavando as mãos no panorâmico banheiro de minha imaculada suíte, ela se ocultava, traiçoeira, negra feiticeira, entre as dobras muito brancas da toalha limpa sobre a bancada, foi uma enxugada e uma breve picada, nada mais do que isso.

Ainda tentamos sem sucesso algum, Alan e eu alternados, remover de meu dedo com uma agulha afiada o ferrão que nele ficara, e que nele acabou ficando esquecido até agora, há um minuto, quando o eliminei finalmente com o que ainda restava de escara, *fim da história...* que nada!

No final do mesmo dia, buscando aquela vingança que se come fria, a peçonhenta me mordeu novamente, invisível dessa vez, enquanto eu me enxugava no chuveiro. E como ela, também invisível, a mínima picada ardeu imensamente na axila, embora nada pudéssemos detectar que revelasse a causa de todo aquele estranho ardor.

Quando acordei na manhã seguinte, meu braço direito estava inchado e vermelho como a violência no Rio, pior, o vermelho e o incha- ço seguiram avançando impunemente, até que ao anoitecer já tinham alcançado além do cotovelo, me deixando doente, quase terminal. Em pânico total.

Dr. Alan G. (de Google) Sklar se encarregou de me assustar mais ainda, sabem como é, como dias depois via skype o preocupado marido da minha amiga, entomologista amador, com histórias (e cruas imagens, *Deo gratias* por Google...) aracnídeas de arrepiar, braços e pernas perdidos para a voracidade digestiva daquele veneno incruento. Mas eu, avessa como poucos às incríveis conquistas da medicina moderna, me mantive firme, embora sonolenta, enevoada pelo anti-histamínico que tomei para me acalmar, para acalmar a coceira, digo, involuntariamente relaxada, automedicada pelas artes enganosas de um hipócrita Morfeu.

Deixei passar, embora não fossem poucos os amigos de Facebook a me apavorar, ah, tá bom. Deixem esses papos de aranha pra lá, como se de palpos se tratassem, pois se não fosse pelas bolhas crescentes do último domingo eu já estaria há muito tempo divorciada de mim, não custa lembrar. Passam-se os anos, as crônicas e os corações partidos e continuo aqui, alerta como sempre, mantendo os elísios ventos bem longe da vida que escolhi: chego aos 60, em breve, sim, mas não me deixo derrubar, embora o corpo se entregue mesmo assim, e isso, bem, só me resta aceitar. Nada tenho a lamentar (já me lamentei tanto, que nada sobrou para deplorar, argh, preciso confessar).

Já no que depender de Alan — e de algum Disraeli redivivo, Disraeli Gomes, digo, o novo herói que a crônica típica do Rio de Janeiro não se furtará, sem dúvida alguma, a registrar para a posteridade da cidade —, a esta altura, todos os mais do que avisados criminosos daquela favela da zona sul cujo nome não mencionamos, mas que já se tornou de domínio público, isto é, político, nesta pacificada manhã (é tão nova a era que se inicia que até o famoso jornal *O Globo* estreia site novo neste domingo, depois de 24 horas fora do ar cobrindo a "primavera carioca", sabe-se lá o que estiveram a aprontar, ai, que emoção), terão todos sido despachados — já começaram a aparecer os corpos — para aquela malcheirosa área da baixada ironicamente nomeada a partir do grego e glorioso paraíso, pelo qual passamos todos, na maior velocidade possível, antes de desembarcar em nosso delicioso vale perdido, onde, com a graça de Deus, nos preparamos para desfrutar uma laboriosa maturidade.

A vida continua, linda e impávida como sempre, pois nem mesmo o mais ameaçador meteorito tem o poder de afetá-la realmente. E vai procês o meu voto de sempre para mais um excelente domingo, feriadão desta vez, ensolarado e quente, e como há muitos anos não se sente, com uma grande paz na terra prometida lá embaixo... de encomenda para as próximas olimpíadas. Ufa. Já não era sem tempo.

20/11/2011

ESTÁ ESCRITO

Ok. Sete anos esta semana que Alan e eu nos encontramos pela internet, jogadas de *Hierosgamos* e tudo o mais, muitas crônicas, livros e depoimentos compartilhados, ah, quase enjoei: sete é conta de mentiroso, ou é ano de crise conjugal, digam aí vocês. Mas a coisa interessante disso tudo, vamos combinar, é ver como ao longo dos anos os fatos não mudam, mas minha visão sobre eles, sim. Radicalmente. E hoje, particularmente, o mundo anda tão perturbado e demente que não sobra tempo para nossos comezinhos relatos de encontro e conflitos deprimentes, que espaço seria dedicado às circunvoluções de nossos umbiguinhos num mundo em constante ebulição como o nosso? Nem Proust, honestamente.

Essa Revolução do Jasmim aí — vejam vocês, que todos encaram como o verdadeiro advento de uma *oximorônica* "democracia islâmica" —, apesar do nome inspirado, não tem cheirado nada bem. E nada mais é, segundo Alan, que uma legítima conspiração para trazer a este mundo o Décimo-Segundo Imã, DSI para os íntimos, que, como todos sabem, menos eu, só virá a nós em caso de catástrofe absoluta, um inverno nuclear, por exemplo. E os míticos heróis do Irã estão fazendo o melhor que podem para providenciar isso, mesmo que morram no final, quem se importaria com um detalhe tão prosaico e intrínseco como este? O que os espera é o paraíso, afinal, de um jeito ou de outro, neste mundo ou em outro. Está escrito.

E enquanto DSI não vem, o papa bento segue beijando o imã que ele já tem, embora em público tenha reclamado, ah, que mundo é este, hein? Pois é, nem adianta procurar, Bento reclamou, e a Benetton foi obrigada a tirar.

Quanto ao euro, vocês sabem, foi um projeto que, cá entre nós, já nasceu fadado. Quem haveria de aceitar compartilhar seus ricos marcos dourados com os pobres tostões de um grego qualquer remediado? Pois é. Negócio de turco, mesmo, bem que dava pra esperar, né? E agora essa comunidade vai ter que (se) mudar: vai ser o terceiro mundo deles lá e o nosso primeiro aqui, mesmo que Merkel aceite beijar Sarkozy (com a tônica no "y"), ops, desculpem.

Mas o mais inacreditável de tudo isso nem é que Lula finalmente mostrou sua verdadeira cara — pô, me desculpem mais uma vez, eu jurei pra mim mesma que não pegaria pesado com o pobre, afinal de contas sinto a maior pena, acho que, mesmo que ele não merecesse, deveria poder usufruir de uma aposentadoria tranquila, com saúde e muita tequila, e é isso que eu mais desejo a ele, juro por Deus: mantenha-se calado no seu canto, ex-presidente, mas por sua própria vontade, por comichão da verdade, que justiça poética que nada, ops, voltando ao ritmo da frase —, e sim que os Estados Unidos estão se transformando no Brasil de antigamente, licença poética perde (pois como todos sabem, em nossos sonhos mais caros a gente é que se transformaria um dia nos Estados Unidos), confiram só: estão endividados até o pescoço e com o fantasma da inflação ameaçando impunemente, o dólar a cada dia comprando menos pão; são casos infindáveis de corrupção governamental, tráfico de influência e governo sem moral, bate-boca no congresso nacional, derramamento de óleo e coisa e tal, tudo terminando em... hambúrger. Isso, pra não mencionar a ameaça comunista, que, segundo dizem, é o que está por trás da ânsia terrorista sendo explorada em praça pública, ows, francamente, só mesmo um golpe militar para acabar com essa pouca vergonha populista, não é mesmo? Ditadura neles, gente, que essa mania de democracia lhes faz muito mal!

Pois é. Embora grande parte da parte progressista do planeta veja o tal Occupy como a coisa mais justa, viral e linda — um "movimento do povo em prol de algo que seja completamente novo" —, Alan garante que tudo não passa de uma conspiração esquerdista, é isso aí, que começou com Obama, imaginem, sendo cooptado como agente pelos "companheiros" idealistas, sabem como é; e que o grande golpe da justiça só será desferido, naturalmente, depois de eliminado o grande "esquema sionista", e no mundo inteiro, se é que vocês me entendem.

Tudo bem. Eu entendo se vocês pensarem que, ao contrário do que eu gostaria, tudo isso é mais um delírio desta cronista (com o perdão concedido apenas porque, na verdade, se trata da opinião do marido da artista, ah, então é tudo por amor, e toda forma de amor, vocês sabem...). Melhor deixar pra lá.

Mas pelo menos uma parte importante dessa doideira revisionista saiu publicada no *New York Times*, imprensa oficial global que todo mundo diz que lê, eu, pelo menos, li: "Mesmo os adultos que podem bancar seu próprio lar estão optando por morar com seus pais, privando a economia de um bom potencial de atividade" — é a síndrome do "ninho reverso", sabem como é, parece-se ou não ao nosso Brasil eternamente adolescente? Pois é: o grande diferencial dos Estados Unidos, nação madura onde a família fez sempre por onde permanecer desde cedo desunida, com o honroso banquete de exceção do Dia da Ação de Graças — que, por sinal, acontece na próxima quinta-feira, estou tentando encomendar um peru, mas não consigo, ah, o amor... —, está deixando de existir, transformando o Primeiro País numa grande crise de consumo reprimido... Que progresso resiste a um atentado desses? Peraí!

Agora, o que vocês não sabem, mas que vou lhes contar em seguida, é o verdadeiro motivo de Alan ter escolhido o Brasil como o país onde ele agora mora, que amor romântico que nada: ele afirma que está sempre dez anos à frente dos acontecimentos, e é por isso que há sete me perturba com esse armagedom eternamente incipiente, quer dizer, o nosso Brasil, finalmente, deixará seu eterno leito de gigante dormente, digo, adormecido, Alan disse. Oba. Só faltam três.

E um bom domingo procês. Em tempo: li na internet na semana passada que o Brasil foi elevado pela mesma agência que rebaixou os Estados Unidos, beleza, gente, taí: mais um passo em direção ao nosso inexorável destino de liderança global. Mas, infelizmente, ainda não passamos de um BBB... Haja paciência!

MEU REINO POR UM PERU

"Mas *Thanksgiving* é uma festa religiosa, Alan?", pergunto ao meu marido americano de sete anos, que me encomendou para este novembro um jantar especial. Tá certo. Mútuas ameaças de morte à parte, ele merece. Em algumas ocasiões, como o Dia de Ação de Graças e o 4 de julho, por exemplo, ele fica tristinho, coitado, acabrunhado, com saudade dos filhos — é o que ele diz, mas tenho pra mim que é mais por causa da comida: o indefectível churrasco público da Independência, que não dá pra substituir pela feijoada de sábado nem por decreto... e o peru de *Thanksgiving*, com purê de batatas e cenouras carameladas, tá bom, não custa nada, vai. Tudo pra me redimir do meu endêmico esquecimento, nunca me lembro nem de Valentine's, imaginem do Dia de Ação de Graças, para mim como um outro qualquer, é a tal idiossincrasia cultural, sabem como é.

"Não, é um feriado familiar americano, nada a ver com religião, é uma tradição nacional instituída por George Washington em 1789", ele informa, encarando com a maior paciência a minha ignorância terceiromundista. Vai que eu acredito: como todo mundo sabe, os Estados Unidos são, digo, é, um país espiritual, até no dólar confiam em Deus, embora esse "deus", para alguns, seja o deus do consumo, mas não espalhem por aí. No dia seguinte ao *Thanksgiving*, por exemplo, com aí por volta de uns 99% dos cidadãos curtindo um feriadão (fora os comerciários, mas estes não são gente), de volta à casa da família ou não, não tem coisa melhor do que ir às compras, não é mesmo? É a tal "Sexta-Feira

Negra", outra importante instituição, nome estranho, vocês dirão, mas Alan novamente esclarece, e pelo que ele me explica a sua mais correta tradução seria "Sexta-Feira Azul" — o dia em que o balanço das empresas de comércio passa do vermelho para o azul, se é que vocês me entendem, e toca de inundar o mercado com as mais inacreditáveis promoções, como, por exemplo, Alan acrescenta, "o melhor smartphone do mundo por apenas 1 centavo de dólar", é isso mesmo, mais "20 anos de contrato exclusivo com alguma operadora de telefonia", claro, americano não dá ponto sem nó. Nem nós.

O que não sei se vocês sabem, e Alan me confessa entre divertido e embaraçado, é que este ano, pela primeira vez na gloriosa história do Primeiro Consumidor, as lojas abriram, imaginem, já à meia-noite de quinta, nem deu tempo de fazer o quilo, francamente. Isso é que é vontade de gastar dinheiro impunemente (*no good deed goes unpunished*), sem contar as filas quilométricas para conseguir aquela TV de 42 polegadas por apenas 200 dólares. Tô fora. Ainda bem que o Kindle já é baratíssimo sem nada disso, ouvi dizer que custará no Brasil apenas 190 pratas, mas... não espalhem... E sem contar que o nosso comércio tupiniquim já tomou posse da tal "Black Friday" sem nem ao menos saber o que isso significa, e sem ter nada a ver com a conexão histórica: é mais ou menos como se os americanos — norte-americanos, não custa esclarecer, como evidenciou aquele exigentíssimo amigo de Facebook, segundo o qual "somos todos americanos", uau —, de uma hora pra outra, inventassem um "saldão de carnaval" ou coisa que o valha. Com a presente inversão econômica em curso no surpreendente capitalismo global, vamos combinar que não me espantaria nada.

Tudo bem. Estabelecidas as bases do jantar, pesquisadas e imprimidas as receitas protocolares em inglês ("Vamos rechear o peru com farofa de passas, certo, Alan?" Errado. Erradíssimo. Receita de recheio americano é com cubinhos de pão de milho amanhecido, mais aipo, cenoura e cebola refogados também em cubinhos no azeite e vamos em frente, nem sob tortura eu confesso que em vez de caldo de galinha dei liga com cerveja aos demais ingredientes.), só faltava ir em busca do peru, coisinha simples: segundo a Ivete, minha "consultora doméstica" favorita, havia peru à vontade em todos os supermercados, ela até já tinha visto.

A Ivete, vamos combinar, sabe tudo o que se pode desejar aqui na Região Serrana. É a rainha das dicas de como chegar e o quê e onde encomendar, a um ponto tal que Alan sugeriu que a gente sugerisse ao *Globo* (ui!) uma coluna semanal denominada "Pergunte à Ivete", com respostas imperdíveis no *Globo Serra* para os ricaços locais, locais de fim de semana, claro. "Imagine", acrescentou ele, rindo à beça da minha cara desanimada, "se a Ivete consegue materializar antes de você o sonho de ser colunista de *O Globo*...", aí, sim, eu poderia dar graças verdadeiramente, não que eu ainda acalente essa obsessão antiga e besta, um vício, Deus me livre. Alan não sabe nada de mim, nem temos conversado direito, então... ok. Tá tudo dominado entre a gente.

Pois na sexta da semana passada, tranquila e preparada, saí ao comércio local em busca do tal peru-antes-do-natal, mas não houve jeito. Até pro meu açougueiro, que prometeu me retornar com quilos congelados de seu fornecedor do Rio, eu pedi o tal peru... e nada. Telefonei até para as lojas do centro, centro de Petrópolis, mas, gente, comprar peru em meados de novembro é quase como desejar ovo de páscoa em setembro, estivesse eu grávida e o filho certamente nasceria com cara de coelho, sabem como é.

O peru do Alan, como disse aquela minha amiga pelo skype no outro dia, estava correndo um sério perigo. Já era sexta-feira, e o Zona Sul do Rio, único supermercado do país a fornecer a iguaria antes do tempo combinado, só teria entregas na Serra na próxima... sexta-feira, Sexta-Feira Negra como todos sabem: tarde demais para o meu peru dar as graças.

Mas como eu sou Noga, e não nenhuma outra Joana, encontrei logo a saída, ainda está pra nascer o desafio que vai me derrotar. Comprei o peru pela internet no Zona Sul (antes que vocês me perguntem, não, não estão me pagando nada pelo comercial gratuito, mas na Coluna da Ivete, ah, podem esperar, todas as dicas serão mercadologizadas como é praxe negociar, quer dizer, otimizadas pelo merchandising jornalístico), mandei entregar na casa de mamãe no Leblon e pedi à enfermeira do plantão, que muito convenientemente mora em Itaipava, *of all places*, que me trouxesse o dito cujo de ônibus na segunda-feira. Meu carma é bom, obrigada mesmo, senhor. A crucial questão da ave estava resolvida.

Só precisei de na segunda à noite pegar a estrada quase à meia-noite em direção à rodoviária do Bingen, a 20 e tantos quilômetros de névoa daqui, eu não deixaria a pobre da Fátima arrastar meu peru gelado de cinco quilos por todas as baldeações necessárias para chegar à casa dela em Madame Machado, não é mesmo? Sou abusiva, sim, mas nem tanto: no fundo, no fundo, apesar da *chutzpah* típica dos meus contos, tenho bom coração e razoável educação no trato com os fornecedores e amigos, coisas raras neste mundão ultimamente, tá certo, ponto pra mim.

O resto, pra resumir, foi pura burocracia. O saco plástico não-inflamável que a Ivete recomendara para garantir a casca crocante do bicho, também apregoado como muito fácil de encontrar, foi outra missão impossível de se encomendar, a não ser pela internet, tarde demais a apenas dois dias do sagrado jantar. Mas ela, infalível como sempre, me trouxe alguns da outra casa chiquérrima onde presta assessoria semanal, *et voilà*: às quatro em ponto da quinta-feira estava o nosso peru a assar, só me custou um pouco parar de trabalhar, tudo por amor ao meu doce marido, tão fácil de agradar.

Comparado ao cordeiro Pascal, vocês se lembram, até que o peru foi bem tranquilo de solucionar, principalmente por conta da fiel ajuda da Ivete às quintas-feiras. Eu cheguei lá! No Natal e no ano novo estarei de férias, podem apostar. Vai ser tudo à base de champanhe e sanduíche, eu, hein... Pra mim, este ano, já chega de heroísmo amoroso, eis-me aqui, senhor, e dou graças por todos estes dias de doméstica.

E um bom domingo bem azulzinho procês, embora na Serra continue chovendo sem parar...

04/12/2011

O MÁXIMO BEM

Deus às vezes tem muito de Blanche DuBois:
é dependente da bondade de estranhos...
Declaração do rabino no velho filme "Tenha fé", que muito
a propósito assisti na TV

Meu irmão mais novo é uma pessoa boníssima, um bônus, se considerarmos sua inteligência, dedicação, capacidade de trabalho, tudo o que o torna um sujeito bem-sucedido e pai de família excelente. Teve e tem seus perrengues como todo mundo, alguns que ele conta e outros que não, nem pra mim, que sou sua única irmã. Meu irmão merece tudo. E tem.

Zila, uma das enfermeiras de mamãe, é uma pessoa boníssima. Sempre digo que as pessoas que se dedicam a esse tipo de trabalho são especiais, têm um algo a mais; embora sejam razoavelmente bem remuneradas, nada justifica o amor àquele paciente por vezes endemoninhado, intratável e agressivo, substituindo, e com vantagem, os familiares incapazes de tal tratamento, digo, de amar assim, doar-se assim, assim eclipsar-se de qualquer julgamento junto à pessoa querida que já não reconhecem mais, porque, cá entre nós, não a encontram mais. Zila e Fátima merecem tudo. Nem sempre têm.

Zila, por exemplo, recentemente perdeu o marido num enfarte fulminante, e, como se não bastasse, seu único filho acaba de passar por uma cirurgia agoniante, correndo o sério perigo de perder os movimentos para sempre, risco, para nosso alívio, já eliminado, porque meu irmão, que sendo um sujeito importante conhece todo mundo, intercedeu para que fosse operado por um dos melhores cirurgiões neurológicos do país. No meio de toda a falta de sorte de ter um filho com um grave tumor na coluna, Zila teve a sorte grande de trabalhar para a mãe de meu irmão, que não teve tanta sorte assim por ter uma mãe tão doente, e por tão longo prazo demente, coisa que não desejamos a ninguém.

Mamãe, digamos assim, já não era tão boa, mas, fosse como fosse, nada fez de tão terrível em sua vida ativa para merecer um castigo duro como este: viúva aos 43 anos, vive há 7 trancada num corpo que já não reage a quase nada, um carma conjunto que afeta igualmente a mim e a meu irmão, um sujeito tão bom. Custa um bocado falar sobre isso, francamente.

Herdei de mamãe essa bondade relativa, eu acho: não posso dizer de mim que eu seja uma pessoa boníssima. Já deixei de apoiar uma amiga com câncer, recusei como vocês sabem doar minha medula a um priminho doente (não que houvesse compatibilidade obrigatoriamente), deixei para trás no Rio meus velhos tios que hoje procuro raramente, e faltei recentemente ao enterro de outra tia, irmã mais velha de papai que faleceu aos 90 e tantos anos e que eu não via há mais de dez. Além do mais, me poupo com alguma frequência de enfrentar situações desafiantes, confesso, sob a desculpa emocionada de não conseguir lidar com muito mais do que a eterna doença de mamãe, que me consome a pena integralmente.

Mas sou, de vez em quando, dada a atos de bondade extrema, como, por exemplo, telefonar para o médico e dirigir 40 quilômetros a cada 15 dias para pegar a receita e comprar o remédio de que Alan precisa para se livrar de sua dor crônica. Estamos numa viagem dessas quando começamos a conversar sobre esta crônica, sobre a bondade, o merecimento, e um de seus assuntos favoritos, também para ele um dos meus mais graves defeitos, além de ser liberal e ter apoiado o antissemita Obama nas últimas eleições americanas: não acredito em Deus, e que deus seria esse que, aleatório, castiga e premia? Isso, pra nem mencionar a perfeição inimaginável de uma flor, da montanha à nossa frente, do nosso corpo que, na maioria das vezes, funciona impecavelmente, e até das aranhas que mordem a gente.

Alan começa o sermão do dia explicando que essa noção de bem e mal é uma simplificação idiota e maniqueísta, coisa que a bem da verdade não existe e se deforma sob qualquer ponto de vista, e emenda numa parábola moralista, como toda pessoa viciada em sabedoria: "Imagina que todo ano um sujeito semeia e cultiva seu milho, esperando curtir uma boa safra. Mas daí pode vir um vendaval, um furacão, e destruir toda a plantação antes da colheita. Faz o quê, esse sujeito? Respira, descansa, e replanta, pois não é uma questão de merecimento, nada disso, mas simplesmente um fato da natureza. E se ele nunca plantasse jamais teria a chance de uma colheita, entendeu? É como são as coisas. Às vezes a gente planta. Às vezes a gente colhe. Às vezes a gente cai e se recolhe, tudo faz parte da vida. A gente faz o bem porque isso nos faz bem, os outros ficam contentes e nós também, pois somos amados e aceitos como resultado da nossa intrínseca bondade."

O que nos falta, segundo Alan, é apenas informação: no caso do furacão, tudo bem, mas no caso do filho doente... não sei. A gente deve seguir plantando o bem, ele diz, como se planta o milho, apenas por ser esta a natureza das coisas, e o sábio vai parando por aí. Eu, francamente, não entendi o suficiente para me converter.

Meu pai, de quem meu irmão provavelmente herdou sua bondade, era uma pessoa boníssima, tão boa que o amigo que estava com ele no dia do acidente sempre afirmava que até ao inferno ele seguiria o Abrãozinho... e seguiu mesmo. Morreram os dois, neste janeiro serão 40 anos que parecem menos de um, nesta mesma BR040 que vejo do meu terraço, será o motivo oculto de eu ter me mudado para cá? Vai ver nossa casa é obra da culpa inconsciente, vigiando do alto as malversações do destino, nada mais do que isso.

Abraão completaria 84 anos neste domingo, 4 de dezembro, de acordo com a certidão de nascimento, ou 86, de acordo com uma foto antiga, datada no verso em 16 de dezembro de 1938 e que parece claramente um registro histórico de seu bar-mitzvá, já que nasceu na Polônia e pode ter sido registrado tardiamente quando a família chegou ao Brasil — um jeito imigrante de facilitar as coisas naquela época em que conferir documentos era bem mais difícil do que é hoje, sabem como é, o lado mais humano de nossas inescapáveis improvisações cotidianas.

Pois essa pessoa boníssima, de memória irrepreensível, é a verdadeira culpada, segundo meu terapeuta Alan, de todos os meus problemas mentais, desde o medo de engordar até o incurável complexo de rejeição que corrói até hoje, dentro da minha mente doente, as mais bem-sucedidas projeções: pouco dado ao contato físico por conta de sua própria educação, papai me beijava somente uma vez por ano, no dia de Kipur, imaginem, coisa de destruir qualquer criança dependente, ame-se com um trauma desses, não é mesmo? É meu segredo mais bem guardado, aquele que Alan, veladamente, ameaça revelar ao mundo em caso de divórcio litigioso...

Taí. Ninguém é feliz impunemente. Prefiro eu mesma confessar pra todo mundo, numa homenagem definitiva, prova incontestável do amor de uma filha, o lado mais negativo de minha personalidade impulsiva, impossível de ser contentada, talvez o que me leva a seguir sempre em frente, aconteça o que acontecer.

E um bom domingo procês. De onde estiver, lugar nenhum provavelmente, papai ficará satisfeito ao ver que sobrevivi à minha infância carente.

11/12/2011

A INSUSTENTÁVEL LEVEZA DA PAIXÃO

"Um dos maiores prazeres que experimento com as mulheres é quando as vejo escovando os dentes", escreve Eduardo Haak, autor da KBR, em um de seus contos mais recentes divulgados na nossa comunidade. Não tenho a mesma sorte. Um de meus maiores tormentos conjugais é a crítica que Alan faz à minha... maneira de escovar os dentes. Ele diz que os escovo feito criança, pior, esta semana reafirmou que se lembrou de mim ao assistir na TV, pela milionésima vez, ao ancestral "Rain Man" de Dustin Hoffman, o qual, no filme, segundo Alan, escova os dentes igualzinho a mim: com o cotovelo esquerdo apoiado na pia, a boca babando e a pasta espalhada pelo rosto numa bagunça piramidal, branca, às vezes verde ou azul, dependendo da marca do creme dental.

Mas, gente, tudo o que faço é segurar com a mão pra que não se molhem meus longos cabelos grisalhos — que alguns diriam, deviam ser tingidos e cortados, ou, no mínimo, "domados", pra ficarem mais bem-comportados — e evitar que a pasta caia fora da pia... Não sei se já comentei isso antes em alguma outra crônica, pode até ser, ando esquecida como dá pra ver, mas minha tia quase nonagenária, que deus a conserve, me deu um excelente conselho do alto de sua experiência de 62 anos de casamento, argh: "Fecha a porta do banheiro!"

Pois é. Parece incrível que um casal tão erotizado — a ponto de eu ter escrito um romance inteiro, quase um tratado (e quase 100 mil exibições do nosso vídeo no YouTube), sobre nossas trocas sexuais em forma de literatura online — hoje em dia limite seu tesão à provocação constante do parceiro no banheiro: mudam-se as regras, mas o jogo se mantém. Eu, de minha parte, ando decepcionada comigo (ui!): sempre me gabei de julgar-me capaz de segurar um longo relacionamento — longo de anos, ou décadas de bodas, vocês me entendem, era esse o meu plano original — à base de um eterno gozo apaixonado, porém, como todos sabem e com a licença do devido clichê, na prática a teoria é outra. O tesão passa e o amor fica, ai, deus, que horror. E nem sempre é a melhor forma de amor, ui, desculpem mais uma vez.

Na vida conjugal de um casal idoso normal tem alguns obstáculos que ninguém se atreve a comentar, é de amargar, como a xoxota meio seca e o pau... ah, melhor deixar pra lá, vai que isso nem é normal, não é mesmo? E, de qualquer maneira, ninguém confessa mesmo a sua normalidade sexual, a não ser que seja uma normalidade de primeira, sabem como é, um tesão que excede, três ou quatro eventos diários de pegação rotineira.

Alan e eu não só tivemos isso bem depois dos 50 anos de idade, mais ele do que eu, como até contabilizamos, e quando a contagem passou de mil publicamos em livros os resultados da pesquisa, mas nisso, claro, lá se vão os sete anos de casamento, que no nosso caso de íntimo e perene relacionamento, 24 horas por dia, dá aí uma média de uns, digamos, 42: dá quase bodas de ouro, gente, concentradas num metal tão denso que ainda não foi inventado pela avançada biotecnologia, mas não tão leve, eu diria, como aquele que foi divulgado no outro dia, capaz incrivelmente de se sustentar sem problema sobre um delicado dente-de-leão, não sei se vocês viram ou não.

E já que estamos em ritmo de confissões, devo a vocês o relatório completo das minhas esparsas tentativas de sustentar o tesão conjugal, in vino veritas. Indo contra os meus mais caros princípios, cheguei até mesmo a comprar a tão propagada lingerie sensual, preta, rendas, transparência e o escambau, que não só não provocou aquela excitação ideal como na verdade me enjoou um bocado, por seu óbvio desconforto sob o cobertor.

Falta, aliás, às revistas do setor uma compreensão maior do que é verdadeiramente o amor. Um casal normal, com os altos e baixos da rotina matrimonial, se entende até mesmo na falta de desejo sexual, quer dizer, amar não é exatamente comer com os olhos o outro, como já dizia aquele filósofo profundo... Agora, toda regra tem exceções, e com a gente não é outro o mundo. Por outro lado, a vida tem suas surpresas... o destino é mesmo um negócio danado.

Pois assim foi que no outro dia eu estava trabalhando num novo vídeo-release da KBR — pois é, esqueci essa: nada é tão bom pra abaixar o teor sensual de uma relação quanto o excesso de ralação profissional — quando contei ao Alan, que como todos sabem é gringo e não sabe nada do Brasil, e menos ainda da nossa Seleção (desde que ele mora aqui, francamente, a querida Canarinho perde a cada Copa que passa mais de seu apelo patriótico-viral), que pretendia usar como trilha o jingle tradicional do antigo Canal 100. Era um vídeo sobre futebol, claro, entre todos os assuntos de texto um dos que me empolga menos, desculpe aí, galera. Mas o livro a que o vídeo se referia era bem legal, e por isso acabei me animando.

Vai daí que comecei a cantarolar pra ele na cadência do samba (que bonito é, não é?) e saí pela sala agitando os braços e sacudindo a bunda como nunca antes em nossos sete anos de convivência intercultural — dizem que gente é gente em todo lugar, e que no amor não dá pra gente se estranhar, mas, que nada, no dia-a-dia da família o desencontro chega a ser abissal, duro de aturar. Pois qual não foi o meu espanto ao ver que o velho escrete vermelho azul e branco levantou sua bandeira em uma fração de segundo! Foi gol! Fenomenal!

Além do mais, no momento, estou "trabalhando" num projeto secreto que garanto a vocês, pelo menos para o casal há de resultar num renascimento romântico sensacional, tudo marcado e acertado para o fim desta temporada de crônicas que, como vocês sabem — e se não sabem, fiquem sabendo agora —, tem data e hora para terminar, e vai terminar em livro: o meu aniversário de 60 anos em janeiro. Só faltam cinco.

Escrever crônica toda semana religiosamente, confesso, não é trabalho pra mim, pelo contrário, é o que me garante o prazer semanal que, devido a alguns perrengues habituais, no plano do lazer não tenho conseguido garantir. É da vida. Mas 60 anos só se completam uma vez na vida, e com um marido amoroso ao lado ainda por cima, quem diria... e se tudo der errado, como eu sempre imagino que pode dar — é, sou doente mental, eterna vítima de trauma emocional, fazer o quê —, terão sido apenas 70 dólares jogados no lixo.

E um bom domingo procês.

Sérgio Britto, meu vizinho

Nossa. Fiquei um par de horas sem consultar a internet e morreu um bando de gente. Joãosinho Trinta, tudo bem, já vinha doente faz tempo. Mas Sérgio Britto, apesar de velho, ops, idoso, realmente me surpreendeu. E entristeceu.

Eu conhecia o Sérgio pessoalmente. Era meu vizinho no Leblon. Nem lembro direito como o conheci, mas teve alguma coisa a ver com o Walmor Chagas me ligando um dia em casa de mamãe, onde eu estava morando por uns meses, pra perguntar não sei o quê:

— Noga? Aqui é o Walmor Chagas.

Achei que era pegadinha, mas era o Walmor mesmo, querendo saber algo sobre centros culturais.

Depois ficamos amigos, Sérgio e eu. Eu tinha um "bar cultural" na Visconde Silva, o Graal, onde a gente fazia umas loucuras como a "primeira peça de teatro que andava pela casa". A coisa começava com uma mulher semidespida deitada num sofá bem na entrada, milagre que não fomos todos parar na cadeia por atentado ao pudor. Eu, na verdade, fui até convidada a me apresentar na sede da lei, uns tempos depois, por conta de uma denúncia da vizinhança de que no Graal se cultivava um certo "culto *dark*". Argh. A Rosângela Alvarenga, hoje autora da KBR, deve se lembrar bem disso. Foi lá, e por aquela época, que a conheci. Era 1987.

No andar de cima fizemos um espaço para exibição de vídeos, e é aí que o Sérgio entra. Ele tinha na época uma coleção excepcional, não só de filmes, mas de shows, concertos, óperas e balés gravados diretamente em Nova York por um amigo. A gente babava. E o Graal exibia.

Foi graças ao Sérgio que conhecemos a Pina Bausch, o Robert Wilson e um tanto de outros numa época em que ignorância cultural no Brasil ainda era mato. O vídeo da Pina rendeu um folclore que está no meu livro *Hierosgamos* e, por tabela, me ajudou a seduzir o Alan, quem resistiria? E quando Pina, saudosa Pina, veio ao Brasil, contei a história pra ela. Assim, o Sérgio, talvez até sem saber, está no cerne de muitos grandes prazeres e realizações que tive na vida.

Depois o Graal fechou, não resistiu à pressão contra o culto *dark* e, por que não dizer, ao fato de meu parceiro Cláudio Martins ter me abandonado lá sozinha e ainda por cima ter levado a máquina de escrever. Ainda pedi socorro ao Zequinha, ex-barman do Cochrane's, que na época morava em Brasília. Ele veio de lá só pra me ajudar, juro por deus. Mas no dia em que vi um rato se encolher para entrar no açucareiro do bar, desisti. Fui-me embora pra nunca mais voltar.

Viajei pra Londres e trabalhei com o Ron Arad, designer de móveis, mas não gostei de lá. Voltei para o Rio, trabalhei com o Maurício Sette na Fundição Progresso e conheci a Pina pessoalmente, tudo gente morta, não é à toa que esta tarde está tão deprimente (quer dizer, o Ron não sei, este só morreu pra mim, provavelmente, depois de uma experiência ruim).

Depois que fechei o Graal transferi a assinatura do especialíssimo videoclube do Sérgio Britto para mamãe. Gente, isso coloriu a vida dela por muitos, quase todos os últimos anos de consciência desperta. Ela ficou amiga do Sérgio e da Chica, que cuidava da casa e do Sérgio, que acabou vendendo o apartamento na Cortes Sigaud, nos fundos do nosso prédio da Timóteo da Costa, e se mudando para Santa Tereza. Depois disso nunca mais o vi.

Mas não faz tanto tempo assim, quer dizer, deve fazer sim, porque ando trabalhando tanto que perdi a noção de tempo, liguei para o Sérgio pra ver se ele me convidava para uma entrevista no programa dele sobre artes e literatura, sobre o próprio *Hierosgamos*, pela data devia ser, porque acabo de encontrar na minha agenda de 2007 — eu sabia que se procurasse, encontrava, mas não quer dizer que tenha sido realmente em 2007, sou caótica com essas coisas e reuso a agenda velha o tempo todo, ainda uso essa de 2007 até hoje — que era para eu ligar para Sérgio

Britto em fevereiro, produção Ana Vachiano. Ele tinha dito que sim, teria prazer em me ouvir, mas a agenda estava cheia.

Nunca mais liguei. Não só porque me custasse a vida pedir esse tipo de coisa aos amigos, mas também porque devo ter enveredado por outros caminhos. Aquele telefonema foi meu último contato com o amigo que morre hoje, depois de estar internado por um mês, não que seja uma tristeza tão grande, afinal de contas, foi-se aos 88 depois de uma vida produtiva e brilhante como poucas. Mas, às vésperas de eu mesma completar 60 anos, e enquanto mamãe, com quase 83, há quase 8 mal sabe que continua viva, sei lá, essas coisas deprimem. Se ainda estiver viva, a Chica deve estar muito triste.

Não é bom assunto para a última semana útil do ano. Vou fazer como o Alan sugeriu: juntar numa só tarde todos os filmes deprimentes que vimos durante o ano e sugar de uma vez da tristeza tudo aquilo que ela tem pra dar. Se ainda existisse a videoteca do Sérgio, esse evento daria o que falar.

Nem precisou começar a sessão para eu já ficar com dor de cabeça.

73, Rue Galande

Do satélite do Google dá até pra sentir *là-bas* o cheiro invasivo da *boulangerie*: emoção, é o nosso apê *à Paris,* ui, rimou. Mas só em *français*, claro. Não leu com o sotaque correto, não escutou. Azar de quem não pegou.

Fala sério. Eu já estava planejando a crônica com a minha crônica verve de sempre e suas reclamações irônicas, a ida inútil ao serviço de passaporte no aeroporto, a demanda imbecil por todos os registros de minhas vidas passadas de consorte — forçando a lembrança de amores terminados que pra mim foram quase a morte —, mais meu trauma ancestral ou, pelo menos, nacional, com a negação inclemente de documento legal, até de passaporte amarelo já fui ameaçada em outros tempos pela nossa Polícia Federal, mas...

Alan me vem com essa lista de apartamentos e meu peito aos pulos entra em estado de quase suspensão. Do ladinho lá de casa, imaginem, fica a Shakespeare & Company, não a original de Sylvia Beach, claro que não, mas sabem como é: vão-se os donos do lugar, mas fica a energia pra quem quiser se inspirar. Quero tanto estar lá que me dói o coração de tanto desejar.

Se minha Paris de outrora, há mais de vinte anos, era só Torre Eiffel, Arco do Triunfo, Printemps e Champs Elisées — um "Campos Elíseos" bem mais cheiroso que o nosso aqui da Baixada, só pra variar a perpétua intenção de gozo —, a da próxima viagem será a Paris de Hemingway, de Vila-Matas, de Stein e James Joyce — grande J.J. que mudou minha vida pra valer, isso é, para sempre o meu prazer de ler, pois é, todos autores estrangeiros como dá pra ver — refugiados para melhor criar e viver na "Meca das musas", isso, sem nem mencionar a prata da casa, Voltaire e que tais. Quem é de casa não vê graça no tanto de tesão literário que é necessário só para (d)escrever, disso todo mundo já sabe.

Algumas coisas, por outro lado, são para sempre, perene qualidade das coisas raras deste mundo, como o Louvre e o Centro Pompidou, por exemplo, ou o Musée D'Orsay, que pra mim, na minha primeira juventude, já foi o Jeu de Paume: muda-se a fruta, mas o Impressionismo continua o mesmo, hahaha.

(Explico. Minha pretensão de fazer trocadilho em francês é a mesma de um turista americano querendo hambúrguer no restaurante japonês: pensei na "*orangerie*" e no "*jeu de* pomme", mas *paume* é totalmente outra coisa, ah, melhor deixar pra lá.)

O que não dá pra discutir é que entra moda e sai moda — de destinos turísticos, pelo menos — e a origem do gozo continua na França, e não só de champanha e fragrâncias estou falando, não, meus queridos: gozar é humano, tudo bem, mas o vero conceito de orgasmo foi magnificamente definido também pelos franceses: *la petite morte*.

Tudo isso é pra confessar a vocês que embora eu tenha sonhado ultimamente com Paris, acho que tudo isso, ui, repeti, veio do Alan, e não de mim. Antes de conhecê-lo, e ao "verdadeiro" amor — não custa repetir que foi com ele, e com mais de cinquenta anos de idade, que *realmente* gozei pela primeira vez (intervalo para mais íntimas confissões: Alan entra na sala e me pergunta sobre o que estou escrevendo, eu digo "sexo", e ele, rindo, "ah, me lembro bem do que era isso...") —, eu era muito mais para Londres do que para Paris, mas hoje em dia entendo bem que os melhores perfumes estão nos mais velhos frascos, ops, desculpem. Eu quis dizer "vinho", e "barril", mas foi assim que saiu.

Enfim, para os amantes não há como Paris, os amantes de tudo, digo, de tudo que é bom neste mundo. E não estou falando de turismo em si, mas de um *je ne sais quoi* que fascina a alma mais empedernida.

Alan e eu, como vocês sabem, já estivemos em Paris outras vezes. Mas juntos, só mesmo em livro. Explico de novo: enquanto nos amávamos pela internet tivemos a fantasia de juntos viajarmos como amantes a Paris, mas nunca ao vivo, até hoje. A única forma de eternizar alguma coisa é escrever sobre ela, pouco importa se a vivemos ou não, pelo menos nos nossos tempos de emoção virtual, se é que vocês me entendem.

Dito de outra forma, a literatura, pelo menos a minha, tem bem mais do que uma qualidade intrínseca de confissão: é profética, criadora mesmo, eu diria, involuntariamente, tipo uma vida criada na arte para ser materializada em tempos mais recentes. No *Hierosgamos*, como vocês sabem — meu real romance seminal de tudo o que existe, do amor, do gozo, do trabalho, da casa e da literatura —, combinamos eu e Alan de construir uma casa de concreto e vidro em frente a uma montanha, e agora, casa concluída, pasmem, nos preparamos para o passo seguinte, confiram:

> — *morei em Paris, andei à beira do Sena fazendo o que os amantes fazem, abraçar e beijar apaixonadamente em público... pra ser sincero, mais olhando do que fazendo: não tive grande amor nenhum em Paris naquele verão, a não ser a cidade em si.*
> — *nunca namorei em Paris, querido, quem sabe um dia... a gente se ame à beira do Sena.*

Et voilà. É como ter escrito uma bíblia própria na qual passamos a acreditar, um roteiro do filme que gostaríamos não só de encenar, mas de viver, trem de doido, sô. Chega a arrepiar. Ou então, pela filosofia de vida que, inesperadamente — depois de ter encontrado o Alan para materializar meus ideais mais dementes do que o amor deveria significar —, passei a adotar para mim: pra conseguir algo, basta começar. Tudo começa na força do pensamento, como é fácil se perceber, ah, isso de fácil não tem nada, sei disso muito bem. É preciso também um *je ne sais quoi* que, francamente, tentar explicar sem um pingo de fé sobrenatural passa pelo crivo do que é além do normal, melhor esquecer.

Enfim. Eu não tinha neste bendito dia a intenção de resvalar em crônica para os empolgantes mistérios de uma nada vã filosofia, apenas de contar pra vocês que decidimos ir a Paris para o meu sexagésimo aniversário, afinal de contas, daqui para frente todo dia poderá ser "o dia", de quê, vocês mesmos podem aí imaginar. É preciso mais do que nunca aproveitar o momento, sem hesitar, sabem como é. E não iremos como turistas desta vez, mas como parisienses de coração e mente, para os quais tanto faz o frio, tanto faz o quente. Tanto faz. Só queremos estar lá. Juntos. Ao vivo e em cores. Enquanto a última profecia do *Hierosgamos* não se materializa, porque, fatalmente, no último dia, ela há de se realizar, querendo ou não, *nous sommes déjà en route*. Podem apostar.

(Eu acho que, na verdade, isso nem está no *Hierosgamos* — alguma coisa sempre fica de fora, fazer o quê — mas enquanto eu viajava para encontrar o Alan na Flórida, há sete anos exatamente, me sentia tão feliz e enlevada que pouco me importava que o avião caísse, já me sentia absolutamente realizada. Mal sabia eu, não é mesmo? Toc, toc, toc.)

E um bom domingo procês.

25/12/2011

SEM DIAS, POR FAVOR
(BREVES CONSIDERAÇÕES SOBRE A SINCRONICIDADE UNIVERSAL)

Então tá, passou o Natal, é o tempo de idílicas resoluções e coisa e tal, mas não vou falar sobre isso agora, só na próxima crônica, já sob os influxos positivos do ano novo, me aguardem.

Me impressiona o dinamismo da vida (um parêntese para o meu nobre marido, que quer que eu discorra, em português, sobre os múltiplos sentidos do vocábulo "dinamismo" antes que o café da manhã se acabe, numa manhã de domingo, e de Natal, a gente tendo que sair pro Rio nesse calor infernal, francamente; quando solto um prosaico "coisa em constante movimento" ele se enfurece, diz que existem mais de 40 definições, larga o café pelo meio e sai batido, nem presta atenção ao enorme e impactantemente sutil bicho-pau no canto direito do pano de vidro (parêntese do parêntese: nada é tão gostoso na nossa vida conjugal quanto o café da manhã no sofá de frente para a Maria Comprida, entre nuvens ou não sempre tão bonita, olhando os gatos, pássaros e insetos multicoloridos que nos rodeiam em nossa idílica existência, idílio, palavra-chave, fecha o segundo parêntese) só pra me irritar, pensa que me engana, vai direto ao Google pra logo depois pelo skype me humilhar com sua erudição bacana, fecha o primeiro parêntese), quero dizer, eu já tinha alinhavado uma crônica sobre as maravilhas sincrônicas desta vida — entrega ao universo, o universo responde, o universo não existe —, mais sobre isso adiante, quando me deparei no jornal com uma novidade instigante, "Uso regular de diurético aumenta a expectativa de vida de hipertensos". O tema me interessa de verdade, já que Alan, além de velho e gordo — ops, desculpem, maduro e encorpado —, é também hipertenso como vocês sabem, os motivos estão todos lá, no artigo — hereditariedade, excesso de peso, sedentarismo, fumo, consumo de sal e álcool em excesso, mais o envelhecimento, cortem mais recentemente o fumo e o excesso do sal —, ah, o envelhecimento, este fantasma morrinhento com que ambos convivemos nos últimos tempos, fazer o quê. Não fosse isso e estaríamos mortos para sempre.

Mas voltando à pressão do Alan — não a que ele exerce sobre mim 24 horas por dia, certo, ninguém é amado impunemente, apesar das ilusões em contrário —, que tem estado finalmente controlada graças ao deus sob o nome de Dr. Ricardo Ribeiro — *thanks, doc*, valeu aí, feliz ano novo para ti —, sigo lendo o artigo para chegar a esta pérola de seriedade científica: "O ganho de expectativa de vida depois de 22 anos foi de *158 dias* para mortes por doenças cardiovasculares e *105 dias* para mortes por todas as causas", grifo meu, mas como é que é? Será que ninguém percebeu o ridículo da coisa ao escrever?

Meu deus... o que são cem dias em 22 anos, em troca do preço pago por tantos medicamentos? E não me refiro, obviamente, ao preço em reais, que já é significativo, mas em dietas restritivas — coisa que tira o gosto de qualquer vida —, o obrigatório exercício que a maioria abomina, vamos combinar, ao controle do ex-sexo (por efeitos colaterais), do álcool, do fumo e segue a longa lista, isto lá é vida?

Sob a perspectiva zen, devo concordar, bom mesmo é o caminho do meio. Mas sabe-se lá se, depois de tantos séculos de experiências vividas, se o zen ainda fia o bom caminho a se trilhar, ou se se enfia, por artes de uma resumida contemporaneidade, no mesmo saco de gatos daquele universo que citei aí em cima, nada a ver obviamente com o universo natural em si, cada vez mais amplo e intrigante — com dois novos planetas passíveis de vida ativa e a nova partícula do Grande Colisor, embora a existência de Deus, digo, de Higgs, continue nos escapando. Dizem as más línguas que dentro em breve nosso querido Hitch mandará de seu divino iPad um recadinho à web sobre isso.

Ops. Me perdi, acabei me perdendo. O caso é que em tantos casos como este a gente se deixa iludir, cai na teia do marketing nem sempre iluminista e acaba trocando 12 por uma dúzia, sabem como é. Como aquela minha linda amiga, mais bem-disposta e bem de vida, digo, de bem com a vida, do que noventa por cento de suas caquéticas contemporâneas reprimidas, gastando suas derradeiras energias — derradeiras, mas ninguém sabe quão longas, por mais que se proclamem delongas — num esforço supremo de "entrar em forma" ainda este ano custe o que custar, e é sempre muito caro o preço a pagar.

Ah, tudo bem. Não vou sair por aí apregoando que na curva definitiva a gente deve se tornar indulgente de repente, como é meu caso depois de milhares de dietas, horas de exercício e tão variadas insatisfações comigo mesma que fica difícil listá-las todas de uma vez, e pra quê eu haveria de querer lembrar isso?

O fato é que depois de uns poucos anos sendo amada e tendo finalmente encontrado um objetivo na vida que excede as artes enganosas do meu próprio umbigo, sempre seduzida por quem pretende apenas me empurrar mais meia dúzia de incômodos comigo que me levem sem escalas ao delírio consumista que é na verdade o que eles querem em primeira instância, ufa, nem é que me larguei, me "abandonei ao comodismo", mas simplesmente que não consigo me exceder mais, por mais que eu tente, nem na bebida, nem na comida, e, bem, nem no exercício — pra dizer a verdade mal me exercito e me sinto mal com isso, ah, deixa pra lá, deve ser mais um resquício de moralismo físico pseudocientífico, não é mesmo? Introjetei a moralidade zen no meu organismo, sei lá, mais uma inescapável autoridade interna pra me apoquentar no que já era um triunvirato ditatorial de arrepiar — a criança interior, o pai interior, a mãe interior —, me deixem em paz, por favor.

E neste momento lindo, por exemplo, eu que deveria, com Paris ou sem, estar em férias totais de uma semana pelo menos — sob o risco de pifar de vez e nem ir a Paris, afinal de contas, Alan grita lá de dentro, *nothing ever goes right in business* (nem no lazer, fazer o quê) —, me pego pega (ui!) nas malhas do universo em descanso — pra não falar de meu terminal desencan(t)o — maravilhando-me uma vez mais com o fato de a vida, parafraseando John Lennon, ainda ser aquilo que acontece enquanto estou ocupada com outras coisas, ocupadíssima, pois é. Tudo dá certo no final.

E um bom domingo procês.

01/01/2012

Geração Facebook

Eu podia estar roubando, eu podia estar trabalhando, mas estou aqui navegando para encontrar o passado no Facebook.

Não sei o que me deu, sinceramente. Minha intenção de cutucar o passado se resumia a princípio em regredir até as resoluções de ano novo do ano passado, sabem como é, num livro como este tão longo, cobrindo as 60 semanas cruciais que me separavam da fila de idosos e outros privilégios que eu nem diria tão gostosos (intervalo para auto-congratulação, "ah, Noga, rimar idoso com gostoso, só você mesma..."), dá pra revisitar no mínimo um Natal e um ano novo. E escrever, como disse, digo, escreveu a Lili, jovem e sábia colunista da KBR, é "como jogar uma garrafinha no mar e ter a esperança de algum dia você mesmo recebê-la de volta", era tudo que eu queria, juro, mas com a linha do tempo, dou adeus ao suspense da garrafinha.

Ah, tá bom. Sessenta semanas que na minha linha do tempo, que dirá na da cultura da humanidade, não passam de um breve centésimo de segundo, ou muito menos que isso. Uma das coisas incríveis do trabalho de cronista em tempo real é, justamente, brincar com o realismo do tempo, tudo o que já foi será, do jeito que, ah... melhor deixar pra lá. Tudo nunca mais passará.

Pois o ano passou tão depressa que nem deu tempo de eu me surpreender com a minha própria eficiência, me cumprimentar pela minha paciência e realizar parte daquilo tudo a que me propus. Ainda estou propondo as mesmas coisas e buscando as mesmas soluções, embora o catálogo nesse meio tempo tenha dobrado de tamanho e o Facebook, como vocês sabem, revolucionado a nossa memória. Aqui se divaga, e enquanto isso se consome alguma coisa.

Quando vocês estiverem lendo este livro, por exemplo — que hoje nem livro é, apenas a crônica da próxima semana com bem mais do que a intenção pouco velada de publicá-la em livro —, já lançado no início do ano em que o fim do mundo terá falhado mais uma vez, Harry Potter, morto e derrotado no colo desolado do gigante que o carrega... para tudo aí, engenhosa essa ideia de o mal que nos aflige residir no mais recôndito de nós mesmos, aprendam, de sermos nós mesmos o germe de nosso pior inimigo, todos cães correndo atrás do próprio rabo, ah, digressionei. Mas tive a certeza de que no final me reinventei.

A geração Harry Potter não é obviamente a minha, mas sou do tempo em que a tecnologia virou de cabeça pra baixo o nosso dia-a-dia, que magia o quê, dando a cada um de nós a "mãe de todas as varinhas", que ao nosso exclusivo toque na tela descortina diante de nós tudo o que já vivemos nesta vida, e mais, ainda permite que a gente apague ou acrescente algo, pra dar aquela levantada bandida. Bem, tudo, tudo, não, apenas desde que o Facebook foi inventado, claro, e havia vida antes do Facebook? Havia, uai. Mas, como diz o popular, perdi o *login* e a senha... e ainda por cima mudei o endereço de email.

À mesa do almoço, aquela mesma mesa do mesmo restaurante do mesmo almoço festivo do dia em que me decidi finalmente a ler o *Ulysses*, três ou quatro anos atrás, meu velho tio intelectual — que nesse dia completa 87 anos, maravilha —, em vez de fazer pouco como sempre de minhas profundas intenções culturais, me pergunta o que fazer com esse tal Facebook onde ele acabou de criar um perfil. Há muitos anos viemos sempre aqui, compartilhando esse pós-natal em família que mais parece um aniversário, vamos combinar, mas devo confessar que ainda mais chocante do que o bolo de plástico com uma vela a pilha é a quantidade de aplicativos no smartphone dos convidados, francamente, até a bisnetinha de um ano de idade está brincando... com um celular, ainda se passaram muitos anos até que ela decida se livrar, gesto repetido em tantos filmes ultimamente e que no derradeiro Harry Potter aparece simbolicamente com a quebra e o descarte da "mãe de todas as varinhas", aquela que poria o mundo a seus pés, pra quê alguém haveria de querer isso? (Editor, por favor, não corrija a minha confusão no tempo, no tempo do verbo, digo, é tudo puramente voluntário, nenhum

Alzheimer por enquanto, prometo, quer dizer, acredito, o editor sou eu, meu "editor interior".)

Mas certas coisas, vocês sabem, não mudam nunca. Meu velho tio senta-se ao meu lado e me conta que aos treze anos já tinha lido toda a coleção de obras pornográficas do pai, e a única coisa de que se lembra é uma passagem das memórias de Casanova onde um pintor, morando em Portugal, passava maus bocados por conta de seu nome que no país soava um pouco complicado, digo, comprometedor, Caracci, caralho, ou algo assim, e neste ponto, amigos, vou mudar de crônica completamente, antes até de contar pra vocês que já posso passar de ano porque tirei dos meus ombros, neste fim de semana, um grande peso, daqueles que bloqueiam a respiração e que há mais de três me abafava mesmo.

Vou ao Google buscar o nome do tal pintor pra não escrever besteira e encontro um projeto tão grande, tão interessante e ambicioso que me deu um impulso louco de largar tudo, pelo menos nos meus dois dias de férias anuais, e mergulhar com vontade nas tais memórias completas, hoje disponíveis no Projeto Gutemberg — já meu velho conhecido dos tempos de Joyce — e também na Biblioteca de Harvard digitalizada pelo mesmo Google em epub, mobi, pdf e sei lá mais o quê, com a ressalva de que "estas memórias não foram escritas para crianças, podem ultrajar leitores que também se ofenderam com Chaucer, La Fontaine, Rabelais e com o Velho Testamento", hahaha, maravilha essa coisa de livro digital. E pensar que eu já ofendi os leitores *myself,* um mal das verdadeiras memórias: mandar ver.

"As coisas foram sempre assim", prossigo lendo online, afinal de contas toda essa conversa começou porque recomendei ao meu tio — com a ressalva: "É uma pornografia, hein..." — a leitura do último livro que publiquei no ano, o *Pornografia Pessoal* do Nilo Oliveira, e que teve uma bela capa recusada por todas as livrarias porque continha uma xoxota explícita, pois é, as coisas foram sempre assim, "Carlos III morreu louco; a Rainha de Portugal está louca; o Rei da Inglaterra esteve louco e alguns dizem que ainda não está curado. Não há nada de espantoso nisso; um rei que tenta cumprir seu dever é quase forçado à loucura por sua enorme tarefa", imaginem então digitalizar e converter toda a biblioteca mundial, mas o que tem sido feito é exatamente isso, em breve na sua linha do tempo, é ou não é de arrepiar?

É isso aí. Não sei se é por estar, literalmente, ficando velha neste janeiro, ou se é que por baixo da superficial linearidade das novas gerações conectadas — sufocadas por tanta informação que mal conseguem se organizar para consultá-la — existe um manancial de riqueza cultural tão profundo e ao mesmo tempo tão acessível que nada sobra pra gente desejar, que dirá pra resolver alcançar, ufa... que encerro ano, crônica e livro sem tomar resolução nenhuma.

Fim de livro é foda. Deixa rolar.

E um bom 2012 procês.

08/01/2012

Dois invernos e 59 verões

— Qual é seu signo? — Me pergunta ao telefone aquela amiga, querendo dizer que conforme a resposta comentará que me entende muito bem, mesmo sem me conhecer direito sabe exatamente quem sou, seu ex-marido tendo sido um capricorniano tinhoso como todo capricorniano, sabem como é. Se eu pudesse, mudava, pois nasci a um par de minutos de aquário, foi quase. Mas o registro civil não quis.

Sou tinhosa, tá certo, admito. Também já me vi em priscas eras perfeitamente retratada sob o clichê de um signo como todo mundo, até software na máquina para calcular meu "mapa" e o calendário maia eu tive, horóscopo diário entregue por email, essas coisas, mas isso, meus amigos, era quando eu acreditava não só em um deus "nas alturas", mas em sua perfeita tradução para outras culturas, como o Grande Espírito indígena — Wakan Tanka —, Jeová e nomes parecidos, epahei. Hoje, parei.

Não acredito em mais nada a não ser no meu próprio esforço hercúleo para manter as coisas sob estrito controle, bem, e em mais duas ou três coisinhas ditadas pelo acaso randômico que alguns nomeiam "destino", o que, como diz o outro, não quer dizer que eu tenha deixado de lado a moralidade, os valores humanos, a solidariedade e a busca do que sonha a nossa vã filosofia para dar sentido ao bom e ao mau que nos acontece todo dia, embora aos 60 anos, tendo passado pelos mais variados rituais, sinastrias e revoluções astrais, não faça a menor ideia de que sonho seria esse, mas isso já é assunto para outro livro, aquele primeiro que escrevi, por exemplo, quando ainda nem sonhava em escrever, digo, em viver de escrever — olhem que já estou no oitavo, este, mas *who is counting*, não é mesmo?

E apesar de eu ter eliminado o quesito fé da minha escola de samba e não tê-lo substituído por nenhuma outra alegoria conhecida, não posso dizer que às vésperas da inevitável matronidade sinta, assim, um vazio interior. Pelo contrário, meu interior anda tão congestionado que com frequência indesejada me impede de dormir à noite, e nem é consciência culpada, garanto a vocês. Desde que, com a graça de Alan — e uma grande insistência de minha parte, claro, como toda boa capricorniana —, encontrei o meu rumo na vida estando envolvida até o pescoço no negócio do livro e, cá entre nós, sem ter mais que hesitar em qualquer ocasião em que é preciso declarar uma profissão — ufa, que alívio —, tenho me sentido em paz. Preocupada, hipocondríaca e esgotada, mas em paz, querendo que a paz se estenda às coisas que ainda me entristecem nesta vida, mas que deixo nas mãos de... bem. De ninguém. À espera de que o tempo normal das coisas cuide delas também, já que nada posso fazer para abreviá-las e ao sofrimento que causam, vocês sabem do que estou falando, mas dizer eu não digo, nem morta.

Enfim, embora incompleta como seria de se esperar, sinto-me razoavelmente bem comigo mesma, com a óbvia exceção dos meus braços avantajados, geneticamente herdados de minha avó Sarah, *oy vei iz mir*, que venho combatendo com exíguo sucesso durante a vida toda, fazer o quê. Vão-se os anéis, e se houver tempo suficiente, nem os dedos ficam.

Mas o que eu queria lembrar é que em meio a toda a baboseira astrológica com a qual tentamos aparecer bem na fita, e nas redes — a não ser os detestáveis capricornianos, claro, cuja persistência doente, dedicação histérica ao trabalho e outros tantos defeitos sociais são impossíveis de se disfarçar —, uma predição ao menos sempre me impressionou, a expressão mais correta seria "me indignou": a de que os nascidos sob este signo só vencem na vida já bem mais velhos, digamos, depois dos 60 anos, uma pílula dura de engolir, *et voilà*, as coisas comigo se passaram exatamente assim, o que já não interessa tanto porque cheguei lá, não é mesmo? E olhando para trás nem custou tanto assim a passar, como vocês podem imaginar. A vida é breve.

Pra me consolar de tanta rudeza, dei-me a mim mesma (ui!) um puta presente de sexagésimo aniversário, é, uma viagem a Paris — neste momento em que vos escrevo ainda viajando ansiosa apenas pelo incrível Google Earth, dá até pra ver o arrepio de frio no rosto dos vizinhos no buraco do jazz da Rue Galande, juro. Chegando lá, já serei amiga íntima de todo mundo.

Quando eu de fato embarcar nas asas do destino, digo, com destino ao Charles de Gaulle, estarei comemorando entre outras datas o término de mais um livro, este, do qual vocês contra a vontade participaram ao vivo. Tiro férias, mas volto. A crônica continua. E enquanto eu estiver viva, me comprometo, outros livros viverão.

Ficou faltando explicar que negócio é esse aí em cima de dois invernos e 59 verões — 58, pra ser mais exata, já que no 61º estarei em Paris — nada mais nada menos do que a primeira mudança radical de domicílio nacional, que marcou a minha vida e carrego comigo desde então no meu arsenal emocional, elucidando a parte mais aparente do perpétuo incômodo de não pertencer a lugar nenhum, ufa, ou pelo menos é o que imagino, o que consigo imaginar: nasci no inverno e no hemisfério norte, mas comemoro o meu aniversário sempre no verão, no hemisfério sul, conjunção geográfica e temporal que pelo menos neste sexagésimo evento festivo pretendo corrigir.

Vai ver é por isso que, apesar de eu amar como nenhum outro este nosso bravo país sem zê, de acordo com as estatísticas um Brasil que segue célere, finalmente, em direção ao primeiro, ops, quinto lugar entre as economias de ponta do planeta — embora a qualidade de vida do nosso povinho, que é o que na verdade conta, ainda deva demorar uns vinte anos para alcançar o mesmo patamar, um marco que, cá entre nós, nunca esperei testemunhar —, o fator chave para o meu mais recôndito e explícito desenvolvimento tardio foi ter encontrado o Alan na internet há sete anos e me casado com ele, me deixado impregnar, sem resistir, por seu contagioso primeiromundismo. Valeu a pena, tem valido, apesar do alto preço que a gente sempre paga por qualquer coisa que consegue nesta vida, sabem como é.

Alors, à Paris. Prometo contar tudo no próximo livro. Um beijo procê e um excelente domingo!

Das 60 crônicas deste livro, com a honrosa exceção do necrológio de Sérgio Britto e da do fim do mundo, que saiu num sábado, 58 foram publicadas originalmente em domingos consecutivos no portal da web "Por Que a Gente É Assim", de 21 de novembro de 2010 a 8 de janeiro de 2012.

Esta obra foi composta em Minion 11/13,1.
Impressa com miolo em off set 90g e capa em cartão 250g,
por Createspace/ Amazon

www.ingramcontent.com/pod-product-compliance
Lightning Source LLC
Chambersburg PA
CBHW070912180626
46817CB00003B/1030